NEW 新版

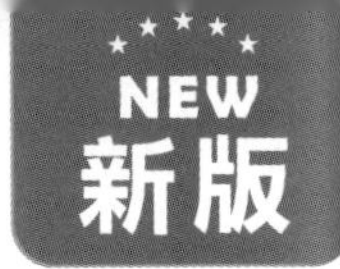

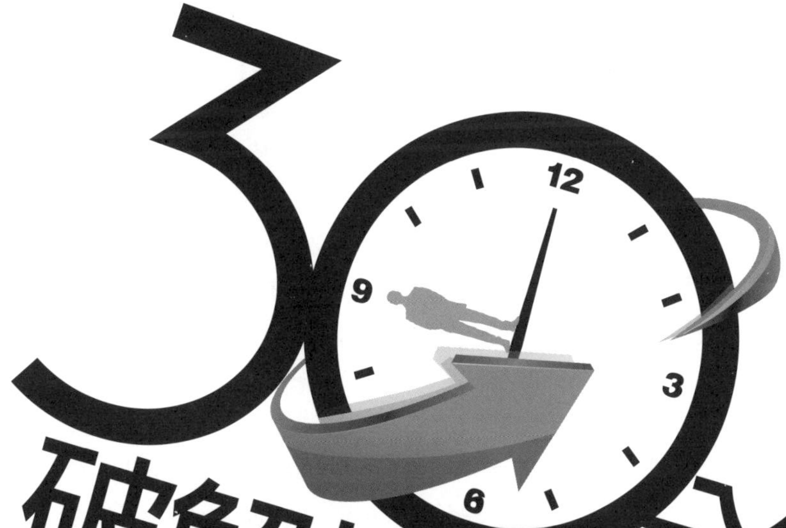

30分鐘破解性格密碼

超越MBTI®的萬用識人術

Decoding Personalities in 30 Minutes

王凱琳 著
Kailin Wang

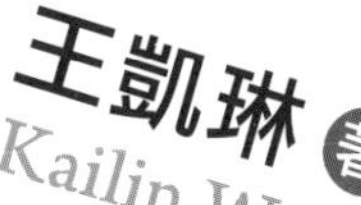

Preface

決定去攻讀組織心理學（Organizational Psychology）的博士學位，是在我自己的職業生涯已經完成了一個階段性的高峰之後。十五年在矽谷詭譎多變且競爭激烈的職場生涯，給了我許多的歷練，我也在高科技行業中數次轉換跑道，嘗試不同的工作內容及挑戰。因爲我是一個不斷追求自我實現的人，我期待透過豐富的工作經驗來擴充對自己的瞭解，並有機會充分展現自己的強項。

組織心理的研究分爲好幾個不同層面：個人（individual）、團體（group）、團體之間（inter-group），組織（organizational）。許多的企業顧問喜歡側重在大團體或組織層面上，去改變其內容（content）或運作程序（process）。對我來說，這些都只是手段。無論用什麼方式切入，其核心和最終的關注，永遠應該是在「人」的身上。人的因素（Human Factors）是如何形成？如何被處理？以及該如何被運用？要能瞭解這些基本問題，才能夠眞正有效地創造出更人性化、更有意義的人爲組織、關係、生活、及對話。

我一直深深地相信，「發展」（development），是任何一個「個人」，或由個人所組成的團體，要能夠健全存在所不可避免的。它是一個動詞，而且是具有方向性的。從個人的角度來說，沒有一個人可以永遠停留在一個樣子不變。我們從出生，嬰兒期，幼兒期，到青少年，成人，中年，衰老，這就是一個發展的過程。它是生理的，外表的。同樣的，我們的心理狀態也是在動態發展的，受到外界環境刺激及年紀的成熟度，有不同階段的表現及速度。

然而，心理或性格的發展，尤其是成年之後，不像生理上的那樣必然且明確。如果沒有受到良好的養分或指引，它的發展可以是緩慢，漫無目標，甚或朝負面的方向發展，帶來摧毀性的。就像癌細胞是我們身體的一部分一樣，我們每個人裡面都具有所有人性裡的各層面。當某些部分失去平衡與控制時，我們的人生也就開始失去控制。當自我這個角色無法被定位，無法被瞭解，無法被認同的時候，我就不再是我。因爲人類是社會性的動物，自我的意義有很大一部分取決於我們跟環境裡其他人的關係，及社會的價值。所以這個議題又將我們帶回到群體（組織）的範疇裡：同樣這個我，在不同的群體環境裡（例如不同的學校、職場、公司、國家），將有不同的可能性，可以衍生出不同的意義及形貌。就連量子物理的發現也告訴我們：看似不動的分子其實都不是固定在一個確定的地點上，而是像波形一樣在變化。原來在這世上沒有靜止不動的物體，萬物都是在持續地變化著。要瞭解一個人，時間和空間是這個方程式裡必要的因子。

但是，這代表我們的個體沒有一個根本的本質嗎？當然不是。具有波動性質的分子也是有一個眞實存在的粒子本體。所以，我眞心倡導的性格發展，是奠基於一個對於自我眞實認知的基礎上，適應空間與時間的變數，不斷成長，邁向成熟。這是「眞情至性的成熟」，既不是趨炎附勢、隨波逐流，也不是頑固不靈，食古不化。我相信這是根據上帝對每一個人所賦予的特質，配合一個量身定做的藍圖，所應該走的一條個人化的道路。我們不一定會知道目標或終點是什麼（正確地說，我們通常都不會知道），但是發展的過程本身就是意義的所在。

而我，身爲一個性格的專家，最眞誠的希望，是幫助人們找到那個本質的自我，從這裡作爲一個出發點，勇敢地展開自我發展的旅程。

「我不知道我到底想要什麼。」

「我適合什麼？我的強項是什麼？」

「我常常感覺到自己有很多不同的想法，彼此衝突。」

「有時候我對於自己的一些言行表現很驚訝。」

「爲什麼有時候我覺得自己好像變成另外一個人？」

「我應該怎麼做才能變成一個比較好的人？」

你，其實比你自己所知道的還具有更多面向，同時也比你自己所瞭解的還要更單純。

2019年，八月，於加州矽谷

若想閱讀更多王凱琳的專業文章，請上網至：

https://matters.news/@kailinblue

Recommend

Personality Type as developed by Carl Jung, Isabel Myers and Katherine Briggs is probably the single most powerful tool available for understanding yourself better （self discovery, self awareness） and for understanding why other people are so different, and then for showing you how to get along better with those whom you have trouble with. Because of this, Personality Type has found wide spread use in relationship counseling, team building, self awareness training and leadership development.

The reason Personality Type is so powerful when it comes to self awareness and interpersonal relationships is that it actually describes how one's brain is wired. Imagine that you have a small software program running in your brain. Imagine it's there from birth to death. Imagine it describes how you prefer to see the world:

- Are you big picture or detail-oriented?
- Are you the fun loving life of the party, or the quiet reserved, rather read a book type?
- Do you prefer to focus on what is happening around you right the now, or do you prefer to think about the future?
- Do you find understanding people harder than understanding things?

- Do you feel you need to make an impact on the world and help as many people as possible, or are you driven to achieve success regardless of the impact on others?
- Do you prefer to start projects well before they are due, or do you enjoy the thrill, and stimulation of waiting till the last minute?
- When you study, do you prefer to study with a group where you can talk things out, or do you prefer to study by yourself or with one other quiet person?

These are all things that Personality Type can tell you. It's the world where Kailin has chosen to make her impact.

I first met Kailin in a career coaching training class just outside of San Francisco in the high tech capital of the world, Silicon Valley. Kailin and I were the only attendees in the class who had been trained and certified in Myers-Briggs personality type technology. I was there by invitation from the trainer Richard Knowdell who had been introduced to me by Richard Bolles, the god father of Career Planning and author of "*What Color Is Your Parachute*"?

From the beginning it was clear to me that Kailin was not your typical career coach.

Most career coaches don't take the time to become trained and certified in the Myers-Briggs Type Indicator（MBTI®）. It does take a lot of time and effort. It's technically hard to learn and become good at. And it's relatively expensive. I've actually seen career coaches run the other way when someone suggests they become trained and certified in the MBTI®. They think that is the realm of psychologists and Ph.D.'s.

But just being trained and certified in the MBTI® is not enough. It takes a very clear, logical mind, lots of practice, and a natural insight into people and human behavior. All of these qualities I found in Kailin.

In my line of work, I meet a lot of people who have been trained in the Myers-Briggs, but not many truly know and understand the theory and are able to use it effectively. Kailin'sunderstanding of Type runs deep. Having the INFJ Personality Type gives Kailin the natural ability to understand the concepts and theories as well as the innate ability to understand people and human behavior. Essentially her brain is wired for this.

Also, I've observed that many career coaches don't have actual industrial / commercial / business career experience where they worked on the front line and had to perform well on the job, achieve their goals, and get along with people in highly competitive work environments. Kailin thus is a different career coach who aims to reach out and help people by bringing to them both her expertise in Personality Type and hi-tech work experience.

With this book, Kailin begins to fulfill her mission of bringing Personality Type to the Chinese population. Unlike other books on Type, this book was written directly in Chinese. It's not translated from

English so nothing is lost in translation. Combining her background in high tech, her understanding of Chinese culture, and with a clear understanding of Personality Type, Kailin makes Personality Type more accessible and easier to understand.

MJ Robinson

Michael Robinson

May 2012

In Silicon Valley, California

Vice President Hi-Rel Operations at International Rectifie

President & Founder of CareerPlanner.com Inc

Past Experience include:

CEO, QSpeed Semiconductor

Vice President, Fairchild Semiconductor

Recommend

以心理學大師榮格的理論為基礎，由Isabel Myers和Katherine Briggs所建立起來的性格典型理論，應該是目前所有各式各樣自我瞭解及成長的工具裡面，唯一最有說服力的。它幫助你瞭解自己和別人本質上的差異，而且帶給你啓示，讓你知道如何與那些和你迥然不同，甚至覺得難搞的人互動得更和諧、更有效率。正因為如此，這套理論被廣泛應用在自我認識、婚姻輔導、團隊建立，及領導力的培育。

性格典型理論之所以在自我瞭解及人際互動的關係上如此具有說服力，是因為它解釋了我們的腦袋是如何搭線運作的。想像一下：你的頭腦裡有一個小小的電腦軟體，從你一出生就被安裝在那裡。這個小小的裝置告訴你並且控制你喜歡什麼，不喜歡什麼，如何應對外在的世界，比如說：

- 你是一個大而化之的人還是注重細節的人？
- 空閒的時候，你喜歡自己一個人看書、享受安靜；還是獨樂樂不如眾樂樂？

- 你覺得全力面對現在正在發生的事比較重要；還是會很自然地關注考慮這些事對未來會造成什麼影響？
- 你覺得瞭解「人」跟瞭解「物」，哪一個對你來說比較自然且擅長？
- 你渴望去與人建立關係，對人造成影響；還是覺得事情的結果比人的感覺重要？
- 你喜歡及早開始計畫行事；還是喜歡彈性應付，等到最後一分鐘也無所謂？
- 學習一項新的東西時，你喜歡和人討論，刺激想法；還是喜歡自己一個人研究？

這些都是性格典型的系統可以分析告訴你的。這也是凱琳所選擇去精通的領域，以期能幫助人，造成影響力。

我第一次見到凱琳，是在一個職業教練的專業培訓課程，位在舊金山附近的矽谷，是全世界高科技行業的首都。在整個課堂裡，凱琳和我是唯一兩個受過正式MBTI®性格分析訓練且拿到合格證照的人。我是受到該門課程的資深講師Richard Knowdell的邀請而來。而我認識他則是透過知名的Richard Bolles的介紹。Richard Bolles是職業規劃發展這一行的教父，他寫的書《你的降落傘是什麼顏色？》是職業規劃的經典，幾十年來全球印銷超過一千萬冊。

從一開始我就很清楚凱琳不是一般的職業教練諮詢師。

大部分的職業教練不會花時間去瞭解並應用性格理論，不會想求得MBTI®的訓練或執照。這眞的是很花時間和需要努力的。它不但複雜難懂，而且是很昂貴的投資。我看過很多職業教練一聽到有人建議他們去接受這種專業訓練就立即逃之夭夭的。他們覺得這是屬於心理學家或博士級的知識領域。

但只是受過訓練或拿到證照還不夠。要能成爲專家，你還必須要有一個很清楚、有邏輯性的心智，許多的實地練習、應用，以及與生俱來對人及人類行爲的洞察力。所有這些特質，我都在凱琳身上看到了。

在我工作的行業裡，我遇到過許多有MBTI®訓練或證照的人，但是他們當中並沒有很多人眞正地瞭解其精髓或可以有效運用自如的。凱琳在這方面具有極佳的專業深度。她的INFJ性格讓她在吸收觀念、瞭解理論，並且觀察和洞悉人的行爲這方面有著與生俱來的天分。

另外，我也看到很多職業教練並沒有眞正在工業或商業界有最前線或第一手的工作經驗，他們不知道身處在一個強烈競爭的職場環境上需要努力表現，達成目標，與許多不一樣的人相處，到底是什麼樣子及感覺。因此，凱琳是一個很不一樣的職業教練，她致力於把她在高科技行業豐富的工作經驗與其性格理論的專長結合在一起，帶給更多人實際的幫助。

藉著這本書，凱琳開始實踐她把MBTI®性格理論帶到中文世界的使命。對中文讀者來說，不像其他類似主題的書，這本書不是翻譯書，而是她原創的作品，沒有任何經過翻譯的失真。結合她高科技的背景，對中國民情及文化的瞭解，以及性格理論的專業，凱琳讓這個專門知識對中文讀者來說變得更加容易取得及瞭解。

M J Robinson

麥克．羅賓遜

二〇一二年，五月

於美國加州，矽谷

Preface

知己知彼，百戰不殆；
不知彼而知己，一勝一負；
不知彼不知己，每戰必殆。

——《孫子兵法，謀攻篇》

在美國矽谷工作十幾年以來，我看到許許多多來自兩岸三地的優秀華人移民，在美國拿到頂尖學府的高學歷，在高科技環境裡從事令人羨慕的高薪工作，多年後卻發現原來他們並不喜歡自己的工作。他們的職業選擇，大多是因爲在高中或大學時，因著父母的建議或安排，或針對當時的社會環境所做的決定，或聯考制度的篩選。即使出國留學，他們還是繼續走在這條路上，好像下半生從此受到限制，別無選擇，從來沒有認眞去尋找一條屬於自己的路。

同時我也看到在工作環境裡層出不窮的人際關係的溝通問題。很多時候我們只把這些遇到的事當作是「運氣不好」，碰到一個難以溝通的同事或難搞的老闆，卻忘記了自己在別人眼中可能也是個難搞的人。

這兩個原因是促使我寫這本書的最大動機——因爲我自己都親身經歷過這些心路歷程。

身爲一個專業的職業規劃及發展諮詢師，不管前來尋求幫助的人的需要是什麼，我建議的第一步一定是認識你自己。

「我是誰？」
「我想做什麼？」
「我天生的長處是什麼？」

對年輕人來說，對自己的認識總是懵懵懂懂。即使到了中年，因著豐富的人生體驗加上適當的省思，開始對自己有一些瞭解，但或許仍不夠全面，不夠系統，不夠徹底。而且不知道當和其他許多人一起放進拼圖裡的時候，自己到底該擺在哪裡——那個獨特且不可或缺的一角。

唯有真實且全面地認識你自己，才有可能找到最適合你走的那條路。

同時，無論你的聰明才智或專業能力有多強，缺少有效的人際溝通能力，你的人生之路一定是困難重重。《孫子兵法》點出了一個千眞萬確的眞理：「知己」的下一步，就是「知彼」。如果你知道對方思考的方式及做決定的依據，知道他最在乎的是什麼事情，就省了很多嘗試及錯誤的冤枉路。如果你只認識自己，卻不瞭解對方，你的成功率只有一半，因爲你頂多是知道如何掌握自己的優勢，卻對對方的形勢一無所知，得靠運氣來進行每一次的交鋒。如果你從來沒有投資時間或精力在這方面，對自己和別人的優缺點茫然不知所以，那麼你失敗的機率是全然可以預測的！

MBTI®的性格理論及應用行之數十年，精確且實用，我對之深深著迷。我有很強的動力要幫助有興趣學習的人來精通這套工具，活用在個人的生活上，讓你不但找到一些關於人的難解的問題的答案，而且還能成爲專家，去幫助更多的人！

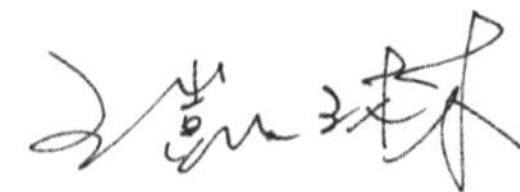

目錄
Contents

目錄
Contents

目錄
Contents

這本書的出版，要感謝——

一開始
一個ENFP的點子和建議
寫作過程中
一個ENFJ和一個INFJ的鼓勵與支持
一個INTP及一個INTJ的參與討論與分析
最後
一個ISFP的實際行動
讓夢想實現，終能問世

還有
書裡所有提到的各種各樣不同性格典型的實例人物！

神就造著自己的形象造人，乃是照著祂的形象造男造女。
神就賜福給他們。
……
神看著一切所造的都甚好。

創世紀1：27～31

So God created mankind in His own image,
in the image of God He created them;
male and female He created them.
God blessed them.
………
God saw all that He had made, and it was very good.

Genesis 1：27～31

我最想瞭解的那個人

The one I have to understand

「有沒有搞錯?!到底他是站在我這邊還是我老闆那邊？我受了這麼大的委屈和欺負，他竟然還頭頭是道地幫著別人說話！到底他還有沒有把我當成他老婆啊?!」

在和好友H聊天時聽到她這樣氣急敗壞地把她家老公臭罵一頓。

原來是前不久H在工作上發生了某件事令她覺得自己受到不平等的待遇，而且她覺得一定是起因於性別歧視，老闆是因爲她弱勢的女性身分而把她當成代罪羔羊。然而當她忿忿不平地在跟先生抱怨的時候，她家老公卻只是很冷靜地幫她分析事實，並且告訴她，他並不認爲她老闆的指責有什麼性別歧視的意味。他不但一點安慰之詞也沒有，更別說要替她出氣，說幾句幫腔造勢的話了。

「其實我也沒有要怎樣，不過是私底下發洩一下心裡的不爽罷了！我心想好歹我的老公可以說一些話安慰我，或陪著我罵老闆幾句也好，讓我心裡舒服一點嘛！沒想到他不但沒有，還反過來義正嚴詞地說是我不對。天啊！我眞是快氣瘋了！」

「我瞭解妳的心情。其實妳覺得自己很盡責，而且想討好老闆、顧及同事，但是妳很失望別人都沒看到妳努力做的那些事。不過妳也只是發發牢騷而已，並沒有眞的去告狀或理論。」

「還是妳瞭解我！我家那個老公比起來簡直是一塊石頭！我都懷疑他到底對我有沒有感情，而且好像是『條剛』的，總是故意跟我找碴。更糟的是，每次我一這樣說他，他就躲起來，對我說的話一點反應都沒有。把我氣到想乾脆離婚算了！」

H和她老公之間的這種衝突及彼此不解，在我看來原因非常明顯。其實並不是她老公不愛護她，也不是故意要找她麻煩，而是他們倆看事情的角度截然不同，思考及感覺的方式循著不同路徑。簡單地說，就是他們個性差異所致，而且很恰巧，他們分別屬於極為南轅北轍的兩個類型。

H的性格類型是「主人型」（ESFJ），非常注重別人及團體的需要，體恤別人的感覺，同時也期待別人同樣顧及、肯定他們所付出的。這一型的人很負責任，但有喜歡抱怨的傾向，生氣起來是「刀子口，豆腐心」。而且他們不會挑戰權威，其實是很順從體制的那一種部屬。

相對的，H的老公是「學者型」（INTP）的，不但看待事情是由不同角度，而且他是以理性思考（T）為判斷，而不像情感型（F）的人是以個人感覺為重。這一類型的人常常讓人覺得沒有人情味，因為他們遇事總是以理性客觀來分析事實，可以把個人私情完全放一邊。他們自己是情緒平穩的人，對於別人的情緒不太敏感，在這方面顯得有點低能。

我告訴好友H以後遇到這種情緒上有激動反應的時

候，趕快找個能跟她一鼻孔出氣的好朋友來吐苦水，千萬不要期待在老公身上能得到慰藉，不然只會讓她更加生氣。然而，她可以在心平靜氣之後試試看聽聽老公的分析，從他那兒學會理性思考及冷靜的處事態度，而不流於衝動或鑽牛角尖。要是能學會欣賞他那穩重客觀的個性特質所帶來的洞見（那正是她所缺乏的），將會使她自己更加成熟。同時也用不著因爲老公的不解風情或過於木訥而生悶氣，或咄咄逼人地想改變他，這樣反而會弄巧成拙。因爲這種人無法承受過多的情緒，他們強烈需要有自己的自主空間，不喜歡被別人告知該做什麼。她若有什麼事想要說服他或改變他，她自己必須先腦力激盪一下，想出一個合理的理由及完整的邏輯，才有機會能跟他對話且引起他的興趣。不然保證是越講越糟。

另外一個男性友人R，正因爲工作上碰到一個教他不知如何應對的同事而頭疼不已。

「我不知道是他眞的那麼有心機，還是是我自己太天眞了。已經很多次在工作上我覺得自己被他擺了一道。每一次我都很驚訝他居然可以這樣不顧別人的感受，踩著別人往上爬。還有我覺得他很愛現，很虛浮……」

聽了R描述關於工作上發生的事情，我判定這個讓他覺得很有心機的人是個挑戰型（ESTP）的人，而R本身是個哲學家型（INFP）的人。對R來說，這個挑戰型的同事從來不會爲人著想，只顧及自己的成功，靠著口若懸河把別人要得團團轉。我告訴他，這種人本來就喜歡出風頭，反應靈敏，勇於挑戰。而R的正直、耐性、無私，及豐富的想像力，表面上看起來南轅北轍，但他們兩人所擁有的非常不同的優點，在一個工作團隊裡共事，其實具有相當好的彼此制衡的作用。我告訴R如何學習欣賞對方務實的精神及靈巧的反應，不要過於負面解讀。當需要顧及他人需要或原則問題時，R應該要學著勇敢發言，給予對方提醒，雙方坦誠溝通找到一個平衡點，不要悶在裡面不說。這樣的學習，對自己及整個團隊將會有更大的益處。

除了我們身邊的伴侶及工作上的夥伴，**其實我們最需要真正瞭解的那個人，是我們自己。**

有時候我們的不快樂，是源於我們對自己本身的盲點，最明顯的，就是現代人在工作上的「忙、盲、茫」。太多人不知道自己所做的究竟是不是自己眞正喜歡的工作，懷疑之餘，也沒敢眞正做什麼改變。因爲他們也不確定想要的改變是不是就眞的適合他們，能讓他們快樂、成功。

Y是三十初頭的熟女，工作了一段時間，在高科技公司裡做銷售，但是她這幾年突然對攝影極有興趣，不但自己鑽研，增加知識，添購了許多專業的設備，還到處幫朋友拍攝照片，累積經驗，追求進步。一直以來她其實都不是那麼喜歡做sales的工作，於是開始考慮，是否有可能把自己喜歡的攝影當成工作。但這會是一個很大的轉變，她也不確定是不是自己一時衝動，會不會眞的適合她。因此非常猶豫。

Y的性格典型是INFJ（諮商師型）。我告訴她，她會對藝術（攝影）有興趣，對這一型的人來說是很自然的，若是認眞，她的確可以在這方面發揮靈感及美學天分。但是單單從事攝影這一件事並不能讓她在工作上覺得快樂或有滿足感，她的性格典型告訴我，她必須要和人有深度的接觸，有機會能影響、幫助他人，才會讓她更有熱情且有成就感。

因此我建議Y，當她在攝影的專業足夠成熟之後，她可以分享她的技術及經驗，以攝影教學爲業，結合她對攝影的愛好及引導別人這種特性，她將會更快樂，也會做得更好、更長久。

話一說完，我馬上看到她的眼睛放出亮光，好像我找到她許久以來苦思不得其解的答案。她很興奮地告訴我，這個想法眞是太棒了！本來在思考生涯規劃時，她也隱約覺得少了什麼東西，如今聽我這樣說，她非常贊同自己的個性果眞具有這種「與人有意義的接觸及引導」的需求，只是從來沒有這樣具體確切的瞭解及描述。她覺得我的分析及建議非常有洞見，超過她原本的預期，並且讓她對未來的職業規劃有了明確的方向。

許多人在看到自己的MBTI®結果及描述時，都會有一種：「啊哈！原來如此！」的心情及反應。我發現大部分的人對自己可能有一些程度的認識，但很片面，鬆散。他們說不出其中的道理及脈絡，也沒有辦法將之歸納、串連成一個有系統的資料庫，或成爲一個可以依循的工具。還有一種情形，是從未深思這個問題，或找不到答案，非常迷惘。更糟的是對自己有錯誤認知，一直「以爲」自己是某種人，或「應該」做某種人。

你是哪一種呢？
你真的瞭解你自己嗎？

一樣米養 16 種人

One Mankind, Sixteen Types

上帝對人類的創造是充滿創意及巧思的。祂把我們造得精巧複雜，有靈有魂，雖然同出於一個完美的模型，卻可以雕塑出不同的長短及角度，安放不同的特質，這裡多一點，那裡少一點，所以我們每個人都是獨特的，是不一樣的。

然後我們會發現，當「我這個獨特的人」在與「另一個獨特的人」互動的時候，常常無意識地預設別人跟我是一樣的——價值觀一樣、喜惡一樣、思考模式一樣、說話表達方式一樣，等等。所以才會造成許多的驚訝、衝突、與誤解。人際之間的溝通變成一種挑戰，而不是像吃飯一樣那樣簡單自然的事。

仔細想想，這是很矛盾的一件事：明明知道別人和我們不一樣，卻又不自覺地用自己的想法和標準來衡量、判斷與人之間的交往。用這樣的模式來運作，無法眞正去瞭解別人的腦袋是如何運轉，心思是如何感受的，當然會問題百出。

從有文明以來，人類就一直對於瞭解人與人之間的差異存有好奇心。這些不同特質的組成，我們稱之爲性格。也因此有人特別去做觀察研究，發展出一些將性格歸類的方法。早在西元一世紀時，著名的哲學家柏拉圖及亞理斯多德都曾試圖依據一些特徵將人做分類。到了現代，人類想更加了解自己的慾望有增無減，最好的例子便是坊間非常流行的星座、血型，以及生肖等。

以心理學理論爲基礎，透過科學的觀察、分析及統計，MBTI®（Myers–Briggs Type Indicator）已經成爲當今世界上應用最廣泛的性格測試工具之一。它被翻譯成近20種世界主要語言，每年的使用者達上百萬。**全球前100家最大的企業有超過三分之二都引用MBTI®來做對員工及管理階層的職能發展，提升組織績效**。知名的公司諸如Sony、Nokia、Motorola、AT&T、GE（通用電子）、Texas Instruments（德州儀器）、Hitachi……等等。

以Sony爲例，自2003年開始，他們開始大規模設立一個健全的員工發展及培訓系統，其中的重點是團隊建立（Team Building）。他們曾經試過一些其他的系統，卻成效不彰，員工無法將所學應用在眞實工作生活上，難以得到共鳴且長期持續。然而當Sony把MBTI®引進之後，有了很大的改觀。他們首先邀請所有的高級主管參加MBTI®心理測試，並向他們解釋其理論與應用。雖然一開始有些人對之半信半疑，但課程收到良好效果，獲得了這些高級主管的支持，很快就在各層級推廣開來。他們開始建議一般員工也來接受測試，並在內部培訓出更多的人來推廣及發展。一時之間MBTI®成了最熱門的員工發展課程。這些受訓過的員工將所學應用在工作上，人際溝通及達成共識的過程變得明確且容易，得到良好及顯著的成果。

無論在什麼領域上應用，其實MBTI®的性格理論對我們個人來說最大的幫助及貢獻在於「知己知彼」。知己：充分了解自己的優點及缺點，截長補短，找到並發展最適合自己的技能及職業。知彼：讓我們能夠眞正瞭解並預期別人和我們之間的差異，進而知道如何用另一種更有效的方法去對應，而不是用我們原來自己的那一套固定（本身性格）的方法來單方向解釋及應付。

不管是哪一種性格典型，彼此之間沒有好壞比較。就像中國古語所說：「天生我材必有用」，每一種人都有不同的強項及短處。雖然別人可能擁有一些我們身上所沒有，令我們羨慕的優點，但我們也一定擁有一些別人沒有或學不來的特質。上帝的創造是奇妙可畏的。祂造著自己的形象造男造女，把祂完美全能的屬性很有智慧地分賜給每一個獨特的個人。每一類型的人都得到某種不同的恩賜才幹，各司其職，各按其時。當這些不同特質的人可以全部加在一起，合而爲一，那就是一個美麗的彰顯，表明了上帝完整的創造心意。

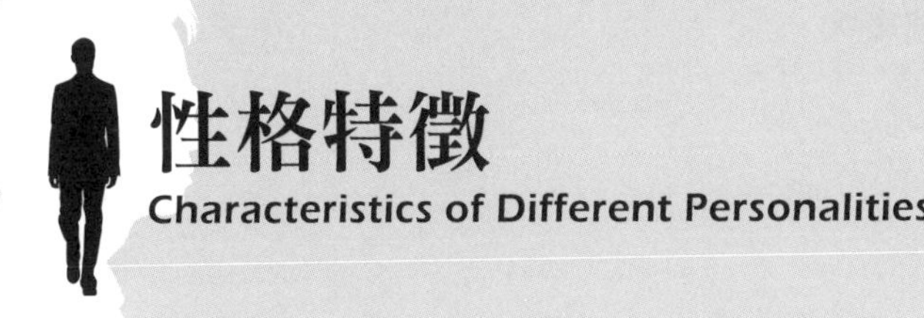

性格特徵

Characteristics of Different Personalities

性格族群

社群主義者	現實主義者
努力，可靠，有組織，有紀律，尊重制度，服從權柄，做事勤快，擅長服務他人，行政管理，注重群體需要。 	隨性，大方，衝動，適應能力強，活在當下，行動派，喜歡自由，敢冒險，不落陳套，手巧，擅長實做技能。 
理想主義者	**理性主義者**
感情豐富，善於表達，有語言天分，有想像力，對人的感覺敏銳，同情弱者，追求自我成長，文藝氣息濃厚，充滿靈感及創意。 	冷靜，自治，有邏輯，分析能力強，愛思考，追求進步，擅長解決系統性或方向性的大問題。 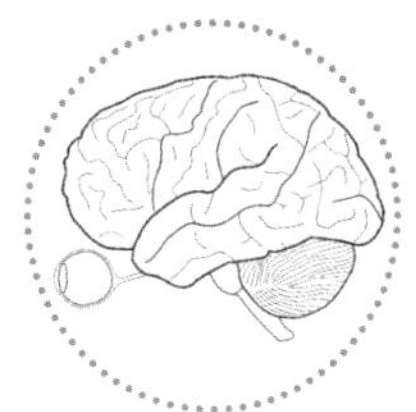

社群主義者

督察型	會計型
果斷，務實，自律，勤勉，固執，工作賣力，講究次序，看重權威，為人一致，善於群體性的社交及領導。 	忠誠，可靠，負責，傳統，腳踏實地，守規矩，注重細節及品質，守護團體目標或權益。 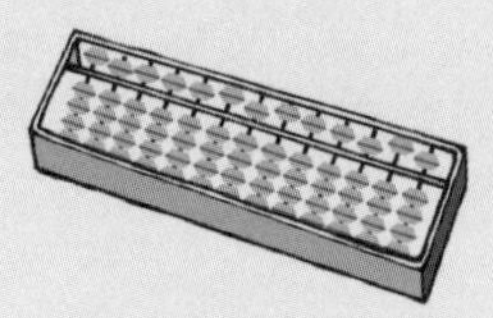
主人型	**保護者型**
友好，親切，坦率，大方，禮數周到，喜歡服務他人，喜歡社交場合或熱鬧，做事主動急切，心腸軟。 	老實，勤奮，穩妥，保守，喜歡照顧他人，注重傳承，奉獻自我，不辭辛勞。 

現實主義者

挑戰型	工匠型
大膽，爽朗，乾脆，積極，靈巧，追求新奇，喜歡冒險，不怕挑戰，不安於室，對物質熱衷。	沉著，理性，有膽識，實用主義，具良好操作或實做技能，善於迅速解決問題，用行動來體現自我。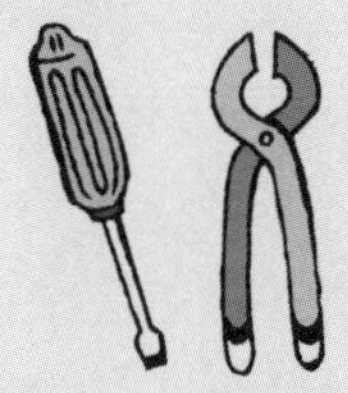
表演家型	**藝術家型**
開朗活潑，風趣，健談，樂觀，慷慨，靈活，隨機應變，與眾人打成一片，帶來歡樂與溫暖，充滿娛樂性。	低調，少言多做，溫和，仁慈，具童稚之心，與人融洽，順其自然，隨遇而安，有時顯得懶散，不受傳統拘束。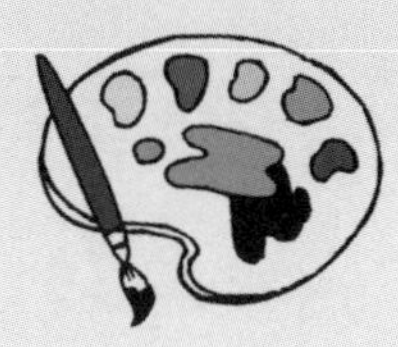

理想主義者

教育家型

熱情，積極，充滿說服力及行動力，為人瀟灑，大方，做事精明，堅忍，洞察人心，喜歡教導鼓勵別人。

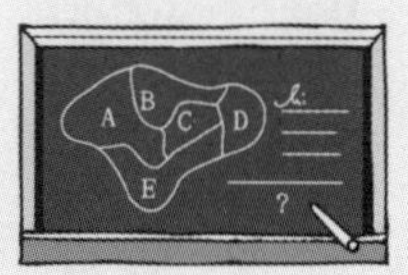

諮商師型

內斂，自律，溫文，優雅，有深度，堅持理念，感情豐富，待人真摯，私底下幫助人，多愁善感。

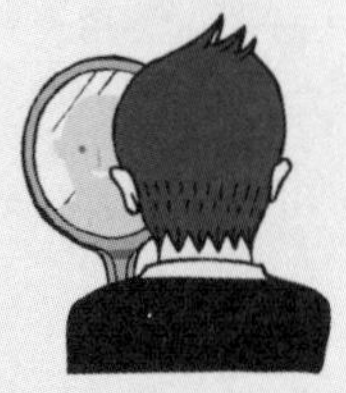

記者型

熱誠，自信，真誠大方，愛交朋友，興趣廣泛，點子多，有創意，生活充滿故事性，愛冒險，不拘小節。

哲學家型

溫和，真誠，為人著想，信任人，想像力豐富，直覺敏銳，具憐憫心，深思熟慮，堅持原則，道德標準及自我要求很高。

理性主義者

將領型

積極，敏銳，剛毅，堅定，求新求變，有活力，善於策畫、整頓及應變，不做沒有把握或沒有對策的事。

軍師型

獨立，自信，很好的分析能力，善於運籌帷幄，不滿足於現狀，追求更好，做決定獨斷，喜歡解決問題。

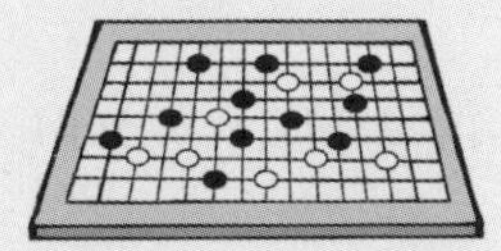

發明家型

才思敏捷，有奇謀，有獨創性，追求新鮮變化，反對教條框框，喜歡鬥智，好辯，對周邊的政治環境敏感。

學者型

謙虛，溫和，情緒穩定，觀察細膩，善於歸納整合，勾勒藍圖，做事要求精準，注重合理性及邏輯性。

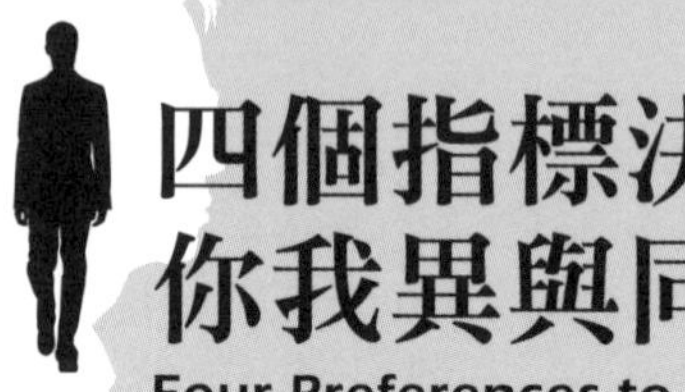

四個指標決定你我異與同

Four Preferences to Distinguish Us

MBTI®性格典型基本上是由四個字母所組成，每個字母即是某一種指標的二選一的取向（Preference），也就是我們每個人天生的傾向與偏好。

能量態度 ——外向（E）或 內向（I）
察覺功能 ——感官（S）或 直覺（N）
判斷功能 ——思考（T）或 情感（F）
反應態度 ——察覺（P）或 判斷（J）

因為每一個指標都各有兩種偏好的取向，所以排列組合起來總共有十六種性格典型。

ISTJ	ISFJ	INFJ	INTJ
ISTP	ISFP	INFP	INTP
ESTP	ESFP	ENFP	ENTP
ESTJ	ESFJ	ENFJ	ENTJ

這四個指標取向當中，夾在裡面的兩個，我們稱作「功能」：

- **察覺功能**
- **判斷功能**

這兩種功能決定了我們內心思維及判斷事物的運作方式，其組合代表了我們這個人的「核心」。

而一左一右放在外面的兩個指標，我們稱之爲「態度」，則是造成我們與外界接觸互動時所表現出來的行爲。

- **能量態度**
- **反應態度**

這兩個態度是旁人可以很容易觀察到的，它們像一對翅膀一樣，把我們的行動及方向表現出來。

兩種功能組成內心，
一對翅膀表明動向。

雖然每種指標都是二選一，但這個選擇只是一種「偏好」（Preference），是我們與生俱來最習慣使用的方式，並不代表我們只具有這種運作模式，而缺乏另一種模式。比如說，一個偏好用情感來判斷的人，表示當在沒有壓力的情況之下，他最習慣且善用的是用情感來判斷，那是他預設的模式。但他仍然具有思考的判斷功能，在有必要的時候，他也可以使用另一種他較少使用的模式。所以MBTI®強調的是我們天生的「偏好」，是一種「傾向」，而不是「能力」。

榮格

（Carl Gustav Jung，1875年7月26日－1961年6月6日），瑞士心理學家、精神科醫生，分析心理學的創始者。他曾到非洲及美洲等地對原始人類的心理進行考察，提出集體潛意識這一重要的心理學概念。

一、察覺功能：感官 vs. 直覺

所謂察覺，就是對於人、事、物的意識及瞭解，包括資訊的收集，知覺及靈感的尋求、刺激、及選擇。

用二元的方式來劃分，榮格把每一個功能的運作都歸類出兩種不同的取向：

察覺功能	
感官（Sensing）	**直覺（iNtuitive）**
感官察覺的人偏向仰賴實際可觸、可知覺的（例如視覺、聽覺、觸覺等）的方式來收集資訊。講求實證及存在，仰賴經驗，注重具體及實務。	直覺察覺的人靠的是領悟。善於捕捉抽象及具有啟示性的概念，對理論及想像的東西很自然輕易就可以了解。看重的是整體性以及未來的方向性。

感官型的人察覺事物是靠經驗及存在的事物，他們講求清楚明確、實質具體的東西。而直覺型的人瞭解事物則是用腦袋去構思、理解，且擅長用相對的眼光來看整個系統或大環境，而不是單一元素。感官型的人著重經驗——過去已發生的或現在正在發生的事，對現實世界的細節感知能力及實踐能力很強。而直覺型的人較注重未來的可能性，充滿想像力，會把零散的資訊自行相連、整合起來，看到整幅圖畫，而不那麼強調細節或實做。

舉例來說，一個感官型（S）的人及一個直覺型（N）的人可能會有以下的對話：

S：現在幾點了？
N：我們已經遲到了！
S：那現在是幾點了？
N：我們趕快走吧！
S：（開始不耐）你有沒有聽到，我問你現在到底是幾點了？
N：已經過了三點了。
S：（失去耐性）到底是過三點多少分？你可不可以精確一點！

回答某個路人的問路，這兩種人可能會有這樣不同的回答方式：

S：往前直走，穿過那個白色的門，服務台旁邊那條走廊左轉，再走大約30公尺，在右手邊你會看到三個門，中間的那個就是了。

N：往前走然後左轉，你很快就會看見走廊上有標示牌。

當老婆告訴老公，她今天身體很不舒服時：

N型老公：那妳多休息，別太累了。明天還得早起。

S型老公：妳是哪裡不舒服？頭痛？胃痛？是不是感冒了？要不要吃個藥？晚餐去買現成的就好了。

另外一種可能發生在N型上司與S型下屬之間的誤解：

S：當時你交代工作的時候並沒有說要做這件事。

N：喔，這不是很明顯應該會想得到的嗎？我以為我不必講這麼多，你自然就明白該做些什麼了。

二、判斷功能：思考 vs. 情感

所謂判斷功能，就是把這個察覺過程所得到的東西歸納出來，做一個結論，成爲我們行爲的依據。

判斷功能	
思考（Thinking）	情感（Feeling）
以邏輯、客觀、因果關係作為判斷事物時的原則。這種人通常給人的感覺比較硬，他們客觀地判斷事情，注重的是原因和結果，而容易忽略個人感情。	以個人的價值或情感作為決定的原則。這種人判斷事情會依據情況及人而有所不同。他們比較人性化，有彈性、容易被說服，在乎自己及別人的感受。

這一個功能取向很容易被人用來「貼標籤」。比如說思考型的人太過理性，沒有人性；或說情感型的人缺乏理性頭腦。其實思考型的人內心當然也是有感覺的，有些甚至也是很有同理心的，只是當要做判斷的時候，他們的第一反應會是先用客觀來分析事實。同樣地，情感型的人也非不能從事理性分析，但在一開始時最先進入他們心裡的，是人（包括自己或別人）的感覺或價值觀。

讓我們來看一個例子。

某公司的政策明文規定，每個員工必須在早上九點鐘以前進公司。這一天麥可9：20才匆匆趕進辦公室。麥可的老闆有責任要對他提出警告，以下是兩種不同的說法：

T型老闆：麥可，我注意到你今天遲到了20分鐘。你知道這是違反公司規定的，為了遵從規矩及公平起見，我必須對你提出一次口頭警告，留下紀錄。任何人犯規一樣都是要這麼做的。

F型老闆：麥可，我注意到你今天遲了20分鐘才進來。是有什麼特別的事耽誤你了嗎？上個星期你跟我提過你每天要接送小孩，是不是這個原因？我知道你這樣奔波很辛苦，可是公司的規矩也不容忽視，因為早上是我們最忙，最缺人手的時候。這樣吧！讓我們找個時間好好來商討一個對策，看看我們可以怎樣來解決這個問題。

另外一個例子是一對父母面臨7歲的兒子吵著要買一台昂貴的遙控飛機。

父母當中一個是思考型（T），一個是情感型（F），在他們各自判斷、做決定的過程當中，雖然循著不同的思路，卻有可能最後做出一樣的決定。

答案是「Yes」的決定

T：去年買的那個遙控小汽車，兒子已經能駕馭自如，顯示他很有這方面的天分及興趣。這個更為複雜的遙控飛機可以幫助精進他的操作技巧。我可以答應他，如果他可以在這一個星期都保持良好的表現，我就會買這個飛機作為獎勵。

F：兒子之前的那個遙控汽車借給鄰居玩之後被弄

壞了，他真的很傷心。他現在一台都沒有了，我知道他真的很想要。如果不買給他，他一定會很失望，很難過。

答案是「No」的決定

T：上星期才發生的事——叫兒子把iPad玩好了要帶回來，他沒有聽，結果隨手一放，被人偷走了。我已經跟他說過罰他三個月都不能買新玩具，所以現在不能答應。等三個月以後再說吧！

F：前不久才在報紙上看到有個孩子因為玩遙控車，沒注意跑到馬路上去，被車給撞了。買這種玩具給孩子真是是太危險了，萬一發生這種事怎麼辦？每次他要玩的時候我都會擔心害怕，還是別買得好！

判斷功能這一個指標取向是唯一具有明顯性別差異的——男性偏向思考型的人口多過偏向情感型的，女性則反之。這和許多其他研究兩性差異的結果是互相應證的。較少數的女性偏好用思考功能勝於情感功能，別人對她們的印象是比較冷靜、不夠溫柔。而對於那些偏好用情感功能勝於思考功能的男性，我們常覺得他們是性情中人，體貼，重感情，講義氣。

三、能量態度：外向 vs. 內向

另外，榮格也觀察到，人們的**精神能量**可以分爲兩種（他稱之爲「態度」，Attitude）：

能量態度	
外向（Extroverted）	內向（Introverted）
傾向於把能量或注意力流向外界的環境，容易因為外界的刺激而得到動力。	傾向於把能量或注意力保留給自己，需要較多個人獨自的運作。

外向的人通常給人比較多話、善於社交的印象。他們對事物有廣泛的興趣，即使是跟不熟的人在一起也可以輕易表達自我。內向的人則比較專注，社交關係有選擇性，比較重隱私。

外向的人通常先說再做。他們會很快地把想到的事情說出來。而內向的人則是會把想法或思緒在腦海裡演練、推敲，需要一段時間的發酵。

外向的人可以在大型聚會中很自在且長時間與許多陌生人交談，熱鬧的人群給他們帶來能量。內向的人在不是很熟的場合裡喜歡選擇只與能談得來的人交談，而且過了一段時間就覺得夠了，需要一些獨處的時間，不然會覺得能量耗盡。

外向的人容易交新朋友，所以交遊廣闊。內向的人會縮小其社交的範圍，只有在少數幾個較親密的朋友面前，他們才會願意分享、吐露個人的感受或想法。

四、反應態度：察覺 vs. 判斷

這個反應態度的目的是用來分辨一個人的察覺功能或判斷功能哪一個比較強勢。也就是說，當一個人處在某種處境之下需要對外界做出反應時，他會自然地傾向於保持對事物的認知尋求（不管是用S還是N的方式）；還是迅速做出結論及判斷（不管是用T還是F的方式）。

有些人遇到事情時一副「老神在在」或「船到橋頭自然直」的態度，他們的潛意識是這麼想著：「再觀察一下，再等一等，事情也許還會有不同的發展或結論。」他們處理事情時喜歡多留一點空間，別把話說太早，有彈性一點，多一點不同的選擇。這表示他們的察覺功能較為突出，他們會長時間停留在「察覺」的狀態，繼續收集資訊，保持較開放、好奇、及觀望的態度，這屬於「P」型。

如果是S＋P（察覺功能突出，且是感官型的察覺方式），他們繼續收集的是實際、感官的資訊，以作為反應的依據。他們對現實環境適應能力很好，靈巧有彈性，可以見風轉舵，見招拆招。如果是N＋P（察覺功能突出，且是直覺型的察覺方式），他們長期停留在收集資訊的階段的時候，都是腦子裡的想法運作及想像，在外人眼裡看起來像是按兵不動，什麼行動都沒有，看不出他們到底想如何反應。因此就容易給人做事慢吞吞，猶豫不決的印象。

相反地，判斷功能較強的人會很快地把已有的資訊做整理、歸納，然後迅速決定該如何處理對應。這屬於「J」型。對他們來說，只要收集到一定程度所需的資訊就夠了，他們很快地開始計畫、訂定目標，不喜歡事情拖泥帶水或懸而未決。他們喜歡很快採取行動，給人比較積極且有條理的印象。

如果是T＋J（判斷功能突出，且是思考型的判斷方式），他們會很迅速地用邏輯來分析目前的狀況，且做出該合理應對的決定。如果是F＋J（判斷功能突出，且是情感型的判斷方式），他們會很快地根據自己（或別人）的感受做出決定。

反應態度	
察覺（Perceiving）	**判斷（Judging）**
等待收集更多資訊	迅速做出決定及計畫

我們每天生活面對各式各樣的大事小事，都不斷在使用這個態度來做回應。在人際合作的關係裡，這個行爲取向的差異很容易引起衝突，就像是「急性子碰到慢郎中」一樣。J型的人對於事情的結果，希望能事先作準備並加以掌控，是固定的，可預測的。而P型的人不會事先把事情局限住，他們認爲條條大路通羅馬，而且他們不介意去等

待、去順應，等到最後一分鐘再來處理也無妨。

在一個訓練課程中

老師把學員分成兩組，所有J型的在一組，所有P型的在一組。每一組的桌上都發有一盒果汁軟糖。老師要他們每組各自用這些糖果排列出一台飛機的造型。

J型那一組的人很快就開始動作，5分鐘之後就完成了作業，很有效率地用那一盒軟糖造出一架飛機的雛形。

而P型的人這時候還在七嘴八舌地討論：這個飛機是做什麼用的，應該是什麼年代、什麼機型的，甚至討論做這個做作業到底要幹嘛。而桌上的軟糖已經被他們吃得差不多沒有了。

在一個會議中

空調似乎出了問題，房間裡越來越悶熱。會議的主持人看到有些人開始顯得不舒服或煩躁，他自己也感覺到了。他會怎麼處理呢？

若是一個J型的人，他會立刻說：「這裡很熱，好像是空調出了問題。小陳，可不可以請你幫忙把窗戶打開？」這是一個明快的決定，加上指示性的話語，告訴別人該如何採取行動。

若是一個P型的人，他大概會這樣做：先問大家說：「有沒有人覺得很熱？我覺得教室裡好像變熱了。」小陳回答說「是」，其他人也陸續反應，說房間真得變熱了。然後大家都有共識，自然就有兩個人站起來去把窗戶打開或改變空調的溫度。這個P型的人並沒有下任何命令或要求，他只是點出一個觀察，然後期待收集更多的資訊或反應，看看事情會自己走向怎樣的方向。

性格族群

有些研究者發現到某種特定指標取向的組合竟然很巧妙地具有相當程度的共同性。如今最被廣泛接受及使用的，是凱氏氣質分類（Keirsey Temperament Sorter）。

凱氏把16類型的性格分成四大族群。他對每一個族群以及每一類型的名稱特地挑選，以符合他們共同的特徵。因爲是從英文翻譯過來，名稱可能隨翻譯者個人的理解及文化的背景有所調整，在本書中我稍做更動，目的是爲了讓中文讀者能更容易瞭解、掌握其定義及特性。

S型 感官型	社群 主義者	判斷 Judging	**SJ**	腳	做事勤快， 喜歡服務他人
	現實 主義者	察覺 Perceiving	**SP**	手	手巧務實， 創造新奇

N型 直覺型	理想 主義者	情感 Feeling	NF	口	善於表達， 有語言天分
	理性 主義者	思考 Thinking	NT	腦	邏輯力強， 冷靜思考

依據凱氏的分類，這16種性格典型是兩兩一組的。每一個族群之下的四個性格典型還可以再細分為兩組，同一組的兩種典型的性格具有更加細微的共通性，扮演的是同一種「角色」。同屬一種角色的兩個性格典型其唯一差別是一個是內向，一個是外向。也就是說，能量態度才是最後分野。

我要再一次強調的是，這些指標取向都只是一種偏好（Preference），而不是零與壹（有一種就沒有另一種）。比如說，外向的人並不是所有的時候都喜歡不停與人社交，他們也有需要獨處且享受獨處的時候，但是比較起來他們更能自在地與眾多人群接觸且開放自己。偏向直覺察覺的人，通常也同時具有感官察覺的功能，只是他們大部分的時候會自然地傾向運用直覺功能來收集資訊。以邏輯思考為依歸的人，在面對判斷時當然裡面也是有個人情感的，只是他們會選擇以客觀思考的結果為最優先的順序，而把情感擺在一邊。而且，即使是同一種指標取向，其細分的屬性及程度也有不同，而且也可能隨著年紀及經驗有動態的發展（詳情見「我有雙重人格嗎？」一章）。

什麼是MBTI®測驗？

MBTI®是一種性格分類指標，其字母縮寫原來代表的是Myers-Briggs Type Indicator。其基本理論是根據瑞士心理分析家榮格於1921年所出版的書籍「心理類型」（Psychological Types）。

最先把這套理論系統化，經過長期觀察及研究，成爲性格分類的，是美國的一對心理學家母女：Katherine Cook Briggs及其女兒Isabel Briggs Myers。Isabel Briggs Myers在1962年出版她的研究手冊，這是有關MBTI®的第一個正式文獻。爾後她在美國心理學學會上的受邀發言代表了這套理論在心理學界得到認可的第一步。

經過五十多年的發展，反覆增加深度及廣度的研究、收集採樣及修改，MBTI®現已成爲全球最著名且準確的性格測試之一。現今的MBTI®模式並不被用來測試心理病態問題，而是在反映普遍的個人性格類型。它對個人成長、發掘性格潛能、改善人際關係，並了解自己在壓力下之心理反應，都很有幫助。尤其是對個人興趣及職業發展取向，具良好預測作用。所以被廣泛應用在包括教育界、職場培訓、領袖訓練及個人發展等領域。

另一個著名的美國心理學家，David Keirsey，根據這套理論，在1978年出版了《請瞭解我》（Please Understand Me）一書，用非常系統及詳細的描述，更進一步地把這

16種性格典型分成四大族群，每一個族群具有類似的與生俱來的氣質與特徵。這套系統稱之爲Keirsey Temperament Sorter。

儘管有許多人及單位有興趣研究推廣MBTI®並自行發展相關的測試工具，位於加州的CPP（Consulting Psychologists Press）公司是全世界目前唯一正式承襲並擁有原版MBTI®研究資料及專業測試報告的授權資格的公司。而且他們要求正式的MBTI®測試及報告必須經由經過訓練及認證的專業人士來執行及解讀。現在在網路上可以找到許多免費資源提供簡單測驗，但因爲採用的題目不是經過專業心理學家所詳加規劃出來，其計分方式也不夠全面及量入統計學的需要，其準確度難以保障。

循規蹈矩的
社群主義者（SJ）
Communitarians

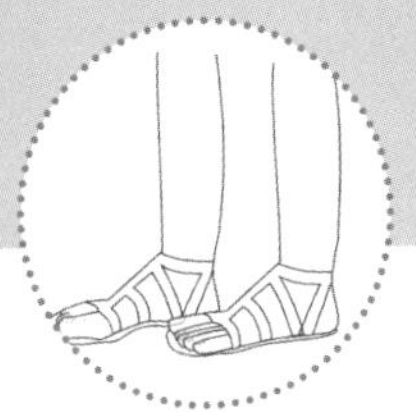

這一族群原本在凱氏氣質分類是稱作Guardians，直接翻譯應該是「監護者」的意思。但我個人認爲從1980年代開始崛起的「社群主義」的基本精神非常符合這個族群的描述，所以就獨創首例，用這個名詞來代表這個性格的族群。

由於S（感官知覺）的特質所帶出的具體、確實，再加上有行動力的判斷型（J）的反應態度，這群人是很腳踏實地，按部就班，不好高騖遠的。他們謹慎、努力、可靠，很有組織性，有紀律，尊重制度且服從權柄，是所有團體社會裡最能支持現狀以穩定發展的重要棟梁。

社群主義者可以很容易接受他所隸屬的那一個群體的共同價值觀，循規蹈矩，切切實實地做事，不標新立異。越是有規範，他們越覺得有安全感。而且他們喜歡有歸屬感，所以常不自覺想找一個團體來融入其中，喜歡在群體中和大家一起做事且享受成果。

社群主義者遵循傳統，或說前人所留下來的智慧或規矩，相信其價值，不輕言將之改變。不但自己如此，他們也期待別人這樣做。他們是聽話的部屬，認眞負責，團隊合作，不太願意去挑戰權威，對部門或公司很忠誠。若成爲主管，他們相當有治理及行政的才能。因爲認爲階級及權威是必要的，也會同樣要求部屬聽從他們，不容置疑。

社群主義者天生就是要來服務及保存群體的價值及利益。他們樂於恪盡好公民的權利義務，是模範公民，也是最佳的公僕人選。

社群主義者對「以前那些美好的日子」（the good old days）是很懷舊的，認爲過去的時代和世界總是比較美好。相對地，對未來則偏向保守悲觀。

他們自認肩負社會傳承及把關的重任，所以好像位在一個出入口的位置，對來來往往的人事物做篩檢及整理。

社群主義（Communitarianism）

是指一種關注社會利益表現行事的社會哲學，強調社群（或共同體）的整體意識對個人認同、政治和共同文化傳統的重要性。社群主義旨在恢復社群價值，所倡導的自我觀是一種社群導向的自我觀，主張個人認同及價值觀的形成，並非在進入社群前即由個人意志所決定，乃是必須透過個人與其所著根的社群間的對話關係發現之。由於自我構成和自我理解的關係互為交互作用不可分，因此要理解一個人，也必須從其身處社群的生活背景來理解。

社群主義者（SJ）		
角色	思考判斷 (STJ) → 行政者	情感判斷 (SFJ) → 監護者
外向	督察型（ESTJ）	主人型（ESFJ）
內向	會計型（ISTJ）	保護者型（ISFJ）

思考傾向的社群主義者對於組織運作及行政很在行，具有行政管理者（Administrator）的角色——心志堅韌，做事有條理。

若是表現得積極，就成爲督察型（Supervisor，ESTJ）；若是保守含蓄，就成了會計型（Inspector，ISTJ）。

督察型 ***ESTJ*** 社群主義者 ✓思考 情感 ✓外向 內向

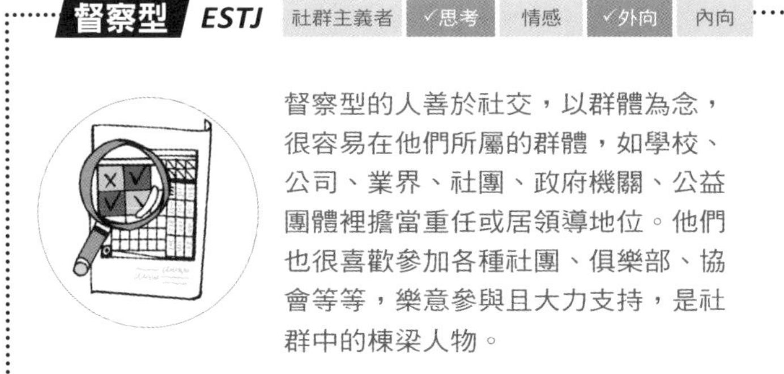

督察型的人善於社交，以群體為念，很容易在他們所屬的群體，如學校、公司、業界、社團、政府機關、公益團體裡擔當重任或居領導地位。他們也很喜歡參加各種社團、俱樂部、協會等等，樂意參與且大力支持，是社群中的棟梁人物。

督察型的人善於製作程序、盤點事物，做時間計畫。他們很有執行力，而且是有系統的做事。他們做事喜歡憑著經驗或被認證過是對的、正確的方法來做，更勝於嘗試或實驗新的方法。他們是非常腳踏實地，努力做事的人。他們按照規矩，依從時間表，對時間很重視，準時。他們也同樣以這些標準來衡量他人。

這一型的人習於在團體裡掌管事務，下達指令。對於上司他們是尊重且合作的，同樣地，他們也期望他們的下屬是同樣用這種態度在他們手下做事。他們非常相信階級，包含其所帶來的義務和特權。

他們自己非常務實，做事有次序。如果身旁的人是天眞浪漫，喜歡做白日夢的，沒關係，他們不會阻止，但要求他們必須先完成他們應負的責任，有多餘的精力再去作夢。

這種人從小就是非常自律的小孩，自己學習、寫功課，不用父母督促或操心，在學校時通常是模範學生。當他們長大成人後，無論在家庭及工作上都展現出過人的勤勉及堅忍。

督察型的人遵循傳統來處理人際關係。家庭及爲人父母對他們來說是非常重要且神聖的。他們有眾多的朋友，而且友誼長久維持。參加社交性的聚會及禮儀對他們來說都是很有意義的，所以無論是假日的家庭聚會、朋友聚會、同學會、婚禮、頒獎典禮等等，他們都會盡量參與，親切可期。

督察型的人爲人一致，言行合一。但有時會很固執，對事情有傾向會太早下結論而容易武斷。不怕與人爭論，會因看重目標而忽略人的感受，不太在乎別人的看法。

■成長建議

學習多讚美別人，而不是習慣性總是指出別人需要改正的地方。學習多一點彈性，對不同意見抱持開放態度，對時間及未能精準執行計畫時要培養耐性。願意嘗試新的方法，聽從別人的指揮。不要總是對所有事期望或標準很高。

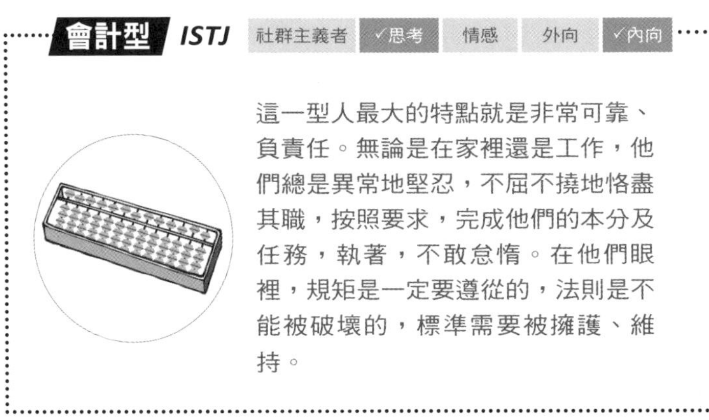

會計型 *ISTJ*

社群主義者　✓思考　情感　外向　✓內向

這一型人最大的特點就是非常可靠、負責任。無論是在家裡還是工作，他們總是異常地堅忍，不屈不撓地恪盡其職，按照要求，完成他們的本分及任務，執著，不敢怠惰。在他們眼裡，規矩是一定要遵從的，法則是不能被破壞的，標準需要被擁護、維持。

他們是組織團體裡最好的守護者。他們保守公司的資源，愛護家庭及學校。對於工作及其中的規定很有耐性，但相對地，對於那些和他們不一樣，不能遵守常規，或者沒有權柄加持的自由行為，無法容忍。他們希望每個人都知曉其責任，按照既定法則來做事，按照時間表進行，程序及品質合乎被檢驗的標準，都是值得信賴的。否則他們會不惜往上呈報，因而引起別人的不快或排擠。

他們做的事都很實在，不花俏，不取巧，不太引起別人的注意，因此很容易被忽略。所以他們有時會覺得自己好像做得很多，很辛苦，卻沒有被欣賞，沒有得到相對的報酬。

安靜、隨和，雖然不及其伙伴督察型那麼外向多話，但會計型的人在社交上也算是中肯合宜。他們會願意在社區或團體裡有一些貢獻，尤其是對小孩子或年輕一代的教導，希望能多帶給他們一些傳統的價值觀的好處。

如所有的社群主義者一樣，他們看重家庭親友聚集的場合，雖然有時在人多的大場合裡他們會顯得有點內向害羞。

他們偏好的事物都比較實在，而不喜歡太過新奇、花俏的東西。他們說話也是平平實實，有次序，不吹噓。由此也可以推想他們的衣著是同樣的類型。他們的居住環境會很整潔，偏好傳統的裝飾。

■成長建議

學習放鬆，開放心胸。享受生活情趣，接受新事物，去欣賞別人和你不一樣的地方。培養從現狀中突破的創造力及多面向的水平思考。不必總是墨守成規，有時候要勇於嘗試，對未知的可能性及潛能多一點信心，不要給自己過多的義務或責任因而承受不必要的壓力。

情感傾向的社群主義者善於後勤幫補，具有監護、保存者（Conservator）的角色——專長是補充所需，維護安定。若是表現得積極，就成為主人型（Provider，ESFJ）；若是保守含蓄，就成了保護者型（Protector，ISFJ）。

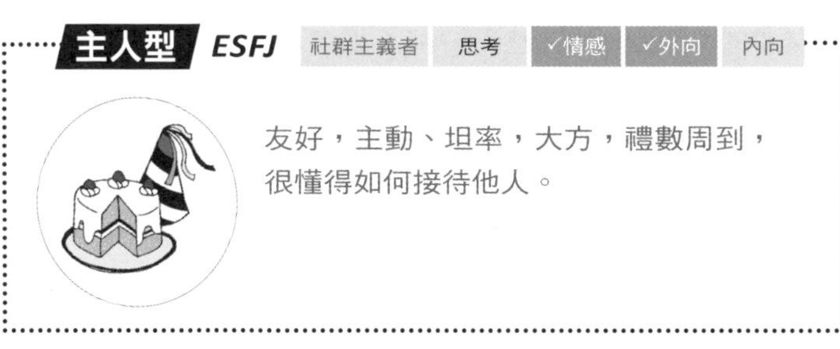

顧名思義，主人型的人總是會注意到且主動去照顧別人在身心方面（包括飲食、健康）的需要。他們是社群主義者裡面最擅長社交的，無論在學校、工作、社團等各類團體活動中，他們都扮演很好的主人角色。他們會盡量不漏掉任何一個人地與之寒暄，確保與會者的自在。他們樂於奉獻時間和精力在整個活動或群體上，以達到供給無缺，賓主盡歡，功成圓滿。

他們本身是非常與人合作的，所以同樣地對別人也要求團隊合作。他們活躍於服務他人，所以非常適合從事服務業或銷售，對於他們所提供的服務品質精益求精。

親切友好加上外向，這一型的人是非常群居性的——

喜歡熱鬧，獨樂樂不如眾樂樂。甚至跟陌生人愉快地攀談聊天對他們來說都是很容易，不需費什麼力氣的。他們很重視朋友，會記得朋友的生日，照顧他們的需要，喜歡「好東西與好朋友分享」。他們知道團體中每個人的大小事情，適時伸出援手。

他們的心腸很軟，有同情心。同時他們也很在乎別人對他們的看法。因為他們對別人很多付出，他們也有同樣的需要來被關愛及被讚美、欣賞。當他們覺得自己的付出沒有被瞭解時，很容易因為別人的一點批評而情緒崩潰。有時性格較急，口無遮攔，標準的「刀子口，豆腐心」。

■成長建議

學習對細節的重視。說話之前先多考慮一下。控制脾氣。加強對抽象事物的理解力，多一點安靜思考的時間。在任何主題上更客觀。

保護者型 ISFJ

社群主義者　思考　✓情感　外向　✓內向

老實、苦幹，忠誠，穩妥，規矩。這一型的人看重的是安全，尤其是對他們的家人及親近的朋友，很自然地想要提供一個穩固安全的環境來保護他人。這一型的人是絕對忠誠、負責任的。他們不喜歡做帶有投機或實驗性質的事，相反地，越是經過時間考驗的東西他們才越能認可。

在工作上他們極不喜歡處在很多改變的狀況，對他們來說不停的適應是一種巨大的壓力。他們照顧家人，尊崇傳統及其傳承下來的文化，身負歷史感，深深相信社會所賜予的出身、階級、頭銜、文憑等所代表的意義及價值。

但是做事流於一成不變，缺乏彈性及機動性。個人生活較爲單調乏味。

他們對事情的保守態度其實是他們對於其目的的認眞及誠摯的一種表達方式。他們做事勤勉，不辭辛勞，不介意去做那些別人不願意做的事。無微不至的照顧及節儉是他們所重視的美德。勤儉持家，辛苦工作，不太懂如何去授權分配工作，總是獨自努力完成，讓自己很操勞。容易被人忽略或占便宜而沒有得到他們應得的感激與獎賞。

具有照顧及服務他人的精神。我們看到那種願意默默奉獻自己的時間及生命來照顧老弱殘貧的人，很多都是這一型的人。

■成長建議

多做一些改變習慣的事，發展新的興趣。對於固定、陳舊的事物不要太過執著，加強適應力。刻意加點變化，增加生活樂趣。加強邏輯及分析能力。

一步一腳印

在我們身邊很容易可以找到社群主義者，因爲他們占總人口比例最高，超過三分之一。他們是一股穩固的力量，堅定地支持著社會的運轉，維持家庭的核心價值。

在西方的政壇上，例如美國與英國，許多著名的執政者都是社群主義者。如現任英女王伊利莎白二世，以及從前的維多利亞女王，前美國總統杜魯門，都是會計型（ISTJ）。美國的國父及第一任總統喬治華盛頓，前美國總統尼克森以及卡特都是督察型（ESTJ）。前美國總統福特是主人型（ESFJ）。電影《王者之聲》（The King's Speech）裡的英王喬治六世是保護者型（ISFJ）。他們都擁有良好的群體觀念及治理的才幹。

另外一種令人佩服的社群主義者，就是像泰瑞莎修女（Mother Teresa，ISFJ）一樣，在社會不爲人知的角落裡堅守崗位，默默工作，服事別人，無怨無悔。他們有同情心及奉獻精神，但他們和理想主義者不一樣的是，他們並不憤世嫉俗，也不會那麼看重爲了堅持自己的理念而努力想去改變人類社會。他們只是做著他們覺得自己應該做的事。他們腳踏實地，會選擇比較合理、保守的步驟或方式來做事，而不像理想主義者對於創造奇蹟那麼勇敢且有信心。

圖解「社群主義者」

｜按部就班，組織紀律｜群體價值、社會傳承｜

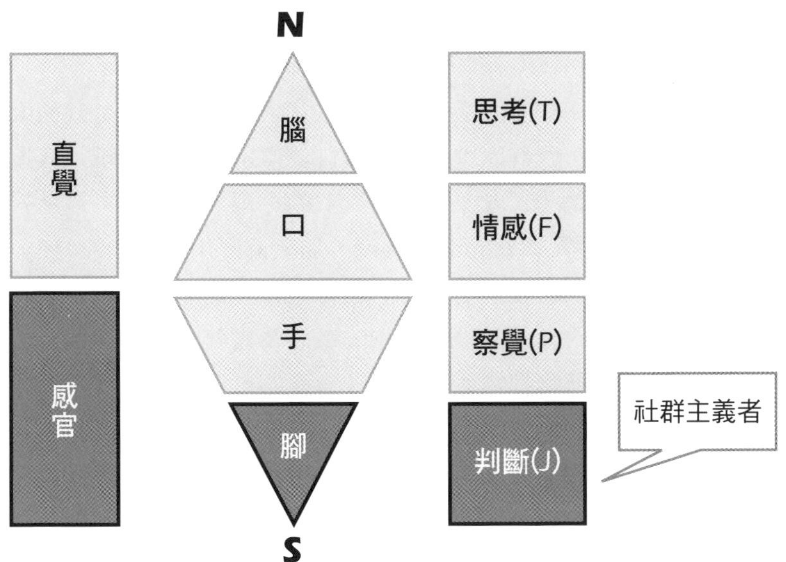

圖示設計：莫文

活在當下的
現實主義者（SP）
Realists

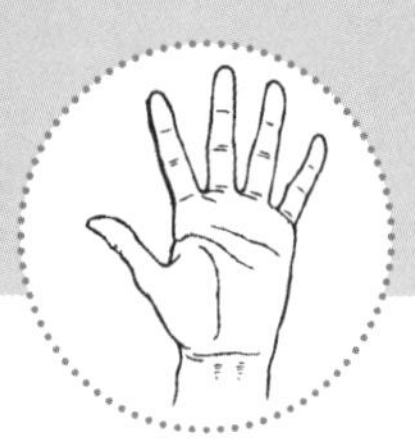

使用現實主義這個名詞來代表這一群人也是我個人首創。這一族群原本在凱氏氣質分類是稱作Artisans，直接翻譯應該是「工匠」或「藝人」的意思。他們的特質是對感官及具體（S）的事物敏銳，加上偏好用察覺功能（P）的態度來反應環境，兩者的結合強化了他們在面對生活時對可掌握的、即時性的事物的敏感及需要。雖然「現實」這個字眼通常都被人們用在較負面的形容上，但在這裡使用這個字眼的目的是要凸顯這一族群的人對「實體」的觀察及運作的能力，還有他們充分把握「現在」的那種特點。金縷衣的詩句「花該堪折直須折，莫待無花空折之」，正是這一族群生活哲學的最佳典範。

現實主義者在技能及工匠上這種需要實地去操作、演練的事物上特別有天分，可以說是手巧（handy）的人。例如雕刻、樂器、戲劇、舞蹈、表演、娛樂、體育、裝潢、修繕、機械操作、工業設計，都會是他們可以輕易發揮的地方。

這一族群的人們喜歡讓生活有樂趣，著眼在「此時此地」，很能充分活在當下。他們不太會花長時間去規畫長久以後的事情，而總是活在行動上。他們的適應能力很強，不喜歡被綁住，否則會不由自主地一直想要飛出去，做不同的嘗試。

他們樂觀、大方、隨性、大膽、有創意、不落陳套。他們偏向喜歡興奮及刺激，追求自由、冒險、衝動。對身邊的親友來說，他們的這些特質是很吸引人，很有魅力的。他們爲這個社會帶來許多樂趣、創意，及享受現實世界的種種美好之處。

現實主義者（SP）		
角色	思考判斷（STP）→ 操作者	情感判斷 →（SFP） 娛樂者
外向	挑戰型（ESTP）	表演家型（ESFP）
內向	工匠型（ISTP）	藝術家型（ISFP）

現實主義者對於技能手工等術科有天生的領略。若是以思考傾向來做判斷的，這些人具有操作者（Operator）的角色。

若是表現得積極，就成爲挑戰型（Promoter，ESTP）；若是保守含蓄，就成了工匠型（Crafter，ISTP）。

挑戰型 ESTP

現實主義者 ✓思考 情感 ✓外向 內向

大膽、衝動。爽朗，樂觀，積極，乾脆。喜歡變化，追求新奇有趣，不安於室。

對挑戰型的人來說，人生是永遠充滿挑戰，不會令人生厭的。他們是行動派的，只要有他們在的地方，事情就會開始動起來。就好像一個舞台劇一樣，他們會讓燈光打亮，音樂響起，好戲登場。

這一型的人靈巧有趣，停不下來。生活得好似活躍在舞台上一樣，可以讓即使是例行公事都變得令人興奮。他們喜歡迎接新的活動及挑戰，大膽、勇敢、樂觀。爲了達到他們所想要的，他們絲毫不懼冒險或付出代價，甚至有時在旁人看來是在危險邊緣，他們也不害怕。善於利用資源，不喜歡做長期性的工作。他們在工作上常常是一馬當先，有膽識做別人不敢做的事。所以他們可以勝任麻煩狀況的處理或談判，也因此會是很好的創業者。

性格突出、有魅力、有自信，他們在社交圈裡非常世故，交遊廣闊。然而因爲過於活潑外向，情緒凸顯，有時話說得太快，會不小心說話冒犯他人，容易得罪人。

這一型的人熱衷於擁有、使用、或收集頂級的東西，例如美食美酒、名車、時尚的衣著……等等。

他們不在乎權柄，不太在乎未來會如何，是個標準「活在當下」的人。

■成長建議

做事加強計畫性，多做仔細評估。多關注生命的意義及對人事物的專注及深度。學習作個謙虛的聆聽者，不要急於發表意見。學習享受獨處，更多尊重人的價值。忠於關係和委身。

工匠型的人精通各種工具的使用。一般人也許也會熟能生巧地使用一些工具，但這一型的人卻是天生專家。他們操作工具或器械是直覺性的，手到擒來，好像是他們身體的一部分一樣，學得很快。而且這種天賦從小就展現出來，他們的手就像是磁鐵一樣，任何的工具自然而然落入他們手裡，就被發揮最大的用處。

所謂的工具包括電器、機械、玩具、交通工具、運動器材，甚至樂器。他們玩這些東西的本領及膽識很大，可以在不可能的情況下創造驚人的契機或紀錄。

他們是行動者，話說的不多，總要透過行動來尋找刺激、完成目標、或體現自我，而較不願意用語言來表達。也不是那麼注重人際關係，在學校裡因此會顯得有點孤立。

一旦成爲朋友，工匠型的人可以是很大方、忠誠的伙伴。他們會犧牲個人時間來幫助別人做些修理車子或房子之類的事。他們也可能對權威非常反抗，覺得很多的規定是沒有必要且讓人受限制的。他們不會公然挑釁或反叛，只是單純將其忽視。他們寧可有更多時間來做他們自己喜歡的事，而且自豪於自己在這方面的手藝或技能。

■成長建議

學習能多一點分享自己的感受。無論自己喜歡與否，多與人合作且社交，且注意態度要柔軟。培養責任感，學習遵守組織中的規定，注重團體和諧及團隊合作。

所有的現實主義對於藝能手工都有天生的領略。若是以情感傾向來做判斷的，這些人具有娛樂者（Entertainer）的角色。

若是表現得積極，就成爲表演家型（Performer，ESFP）；若是保守含蓄，就成了藝術家型（Composer，ISFP）。

表演家型 ESFP

開朗活潑，不拘小節。態度靈活、隨機應變。親切大方，朋友很多，是眾人的開心果。

更勝於同一族群之下的其他典型，這一型的人的天分是帶給身邊的人歡樂、溫暖、幽默。人生對他們來說是要盡情享受的。不管在家裡、工作，還是與朋友在一起，他們總是讓人感到興奮且充滿樂趣，也能傳染別人像他們一樣來撇開煩惱，享受生活。他們是很棒的玩伴——相處容易、機智風趣、話題很多。他們是急性子，作風明快，飲食衣著都會趕上流行，絕不老土，熱門排行榜的音樂也不錯過。在玩樂性質的宴會中他們如魚得水，是最出鋒頭的人物。

他們是天生的娛樂表演者，很容易成爲眾人目光的焦點。不喜歡獨處，要活在觀眾的掌聲中。由於太喜歡和人群混，打成一片，而變得容易失去自己的原則，他們是16種性格中最容易隨波逐流的。

喜歡改變，適應能力很好，做事衝動。也因爲這種追求樂趣與變化的特質，使他們比其他典型的人更容易受到物質或感官的誘惑，容易在飲食、酒精、賭博、購物上縱容自己。他們對任何看起來好玩的事都願意嘗試，有時候會缺乏對後果的深思熟慮。

表演家型的人在金錢上很大方，從不要求回報。同時他們也是無可救藥的樂觀主義者，他們似乎覺得人生自有一個豐饒的水源，源源不絕地供應著快樂和一切所需。「凡事要看光明面」是他們的座右銘。不好的事過去了，他們忘得很快，不會一直耿耿於懷。

■成長建議

學習堅持該有的原則，加強自律。多考慮行動的長期後果，負責任。多培養產生遠見或洞見的能力，專心有毅力地完成目標，不要急於變化。學習有系統地組織、計畫。

喜怒不形於色，能自我控制。雖然看起來好像很含蓄，但其實內心感情豐富。

頗有自信，相信自己的觀點，有時會變得過於主觀及孤傲。

這一型的人對於五官的知覺感受更加敏銳，捉得到什麼對味，什麼不對味。他們不但對人、工具、娛樂都有長才，更具體的是，他們對於美學、顏色、觸感、味道等有特別的能力可以分出細微的差別。

他們具有類似波希米亞人那樣慵懶、漂泊、追尋藝術與美、不受傳統拘束的特質。

他們經常花很多時間在他們自己的藝術工作上，但就像這一族群之下的其他典型一樣，藝術家型的人也是很衝動的。他們不會花時間在長期計畫或準備，他們比較專注於此時此地正在做的事情。他們會陷在一個作品的創作當中，就像是被捲進旋風裡出不來了一樣，也不感到疲倦。這一型的人有時會突然想做一些事，如畫畫、雕刻、作木工、作曲、彈琴，甚至跳舞、溜冰、研究食譜，單單只是因爲那一時刻非做不可的衝動，過了又可能停很久都不做。

這一型的人仁慈親切，尤其對小小孩或小動物具有同情心。同時他們也對大自然的野生環境特別有一種本能的渴望及內在的連結。

他們並不容易被觀察出來，因爲他們通常不太用語言表達自己，而是透過他們的作品來表達自我。他們不喜歡在眾人面前說話，只對他們的視覺、聽覺、觸覺、味覺可以感受到的事物有興趣。大多時候他們更喜歡藉由創作的媒介或具體的行動，來間接表達自己的感覺或觀點。

■成長建議

不要怕公開討論或堅持自己的信念。不要怕成為別人注意力的焦點。有時故意做一些需要長久性計畫的事情，以訓練自己的持續力，及對未來的考慮及策劃。做事再多一點固執、一致性、及理性的分析。不要對自己的想法過於輕描淡寫，冀望外界不經過溝通就能理解，接納。積極主動建立較深入的友誼。

明天會更好

上一世紀中期的經典電影《亂世佳人》（Gone with the Wind），裡面的女主角郝思嘉（Scarlett O'Hara）是一個非常不符合一般傳統愛情浪漫故事的女主角形象的角色。故事一開始，16歲的郝思嘉就表現出她虛榮、驕縱、任性、不為傳統禮教所束縛的鮮明個性。年少的她堅信自己愛上了鄰居艾斯理，不顧家人的反對，從此展開她長期對他的迷戀與追求，甚至在對方結婚之後（而且娶的是她的好友梅樂妮）也不放棄，認為他終有一天會屬於她。

郝思嘉自己第一段的婚姻因為美國的內戰而讓她很快就成為寡婦，然後她搬到了一個新的城市，大膽的郝思嘉很快地讓自己成為眾人注目的焦點，就在此時遇見了年紀大她一截的男主角白立德（Rhett Butler）。白立德對她一見傾心，誓言要得到她。郝思嘉的反應是：「門兒都沒有！」

在戰爭期間郝思嘉與家人經歷了很多艱辛。在第一集的結束，她眼看著村莊被戰爭蹂躪後的慘狀，狠狠發誓說：「即使不擇手段，我也要讓我和我的家人永遠不再受飢餓之苦！」

後來在利益的考量下，郝思嘉答應嫁給當時她還不愛的白立德。這期間白立德多次發現她對艾斯理仍然懷著愛戀，因而失望、暴怒。最後，在他們唯一的女兒死於意外之後，白立德終於心灰意冷，決定離開她。諷刺的是，這時候的郝思嘉才眞正覺悟，發現自己其實是愛著白立德的，苦苦哀求他不要走。但白立德已經不再回心轉意，毅然決然，頭也不回地離開了他們共同的家。

電影的最後一幕，很經典的鏡頭，是被拋棄的郝思嘉坐在樓梯上，在絕望的眼淚之後，猛然一抬頭，像是想起了什麼，對自己說：「這有什麼關係？回家！我要回到自己的家鄉。然後我一定會想到辦法把他贏回來的！畢竟，明天又是新的一天！」

她的眼神裡充滿了克服未來挑戰的勇敢與堅毅，令人印象深刻。

郝思嘉的最後這句台詞，成了經典名句，也恰恰反應出一個現實主義者面對人生的態度：「今天是今天，明天是明天。明天的事留到明天再說吧！因爲明天一定會更好的！」

性格積極、樂觀、任性、虛榮的郝思嘉是個標準的挑戰型（ESTP）。年紀輕輕就大膽表達並追求所愛，後來一路走來也是不畏人言，不拘禮節，一心追求自己想要的東西。即使後來經歷一些磨難，最後仍能在悲痛欲絕中抬起頭來，樂觀向前看，為自己找到一個出路，相信明天會更好。雖然她性格的缺陷顯而易見，但她所表現出來的優點也同時帶給人很多啓發與勇氣。

現實主義者在這個社會的貢獻也是很大的，他們帶來了歡樂、興奮，還有美好的藝術及實際的工匠技術。沒有他們，我們的生活將變得多麼枯燥無趣。

由於天生擅長各種實做技能（手工、表演、藝術），追求樂趣、刺激，適應能力強且非常即興，現實主義者的人口大量占據了娛樂影視、音樂藝術及體育界。

功夫明星李小龍，美國著名演員及導演克林伊斯威特，籃球健將麥可喬登都是工匠型（ISTP）。

音樂神童莫札特及歌星芭芭拉史翠珊是藝術家型（ISFP）。

歌星瑪丹娜及美國前總統甘迺迪都是挑戰型（ESTP）。

貓王Elvis Presley，剛過世沒多久的美豔女星伊利莎白泰勒，前美國總統雷根都是表演家型（ESFP）。

圖解「現實主義者」

｜操作、演練的事務上有天分｜追求自由、冒險、衝動｜

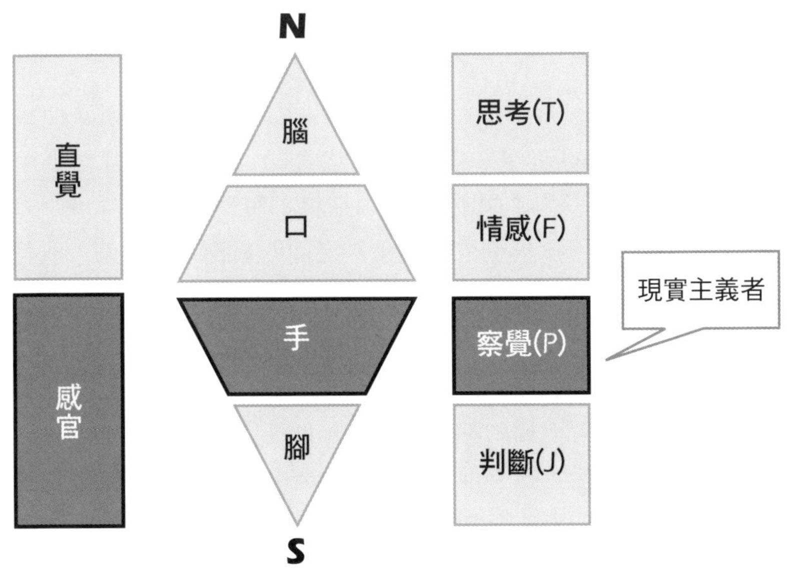

圖示設計：莫文

追尋自我及人性價值的

理想主義者（*NF*）

Idealists

直覺性（N）收集資訊的人善於在腦袋裡做抽象及系統性的運作，搭配上情感（F），也就是將之應用在「人」，這兩項指標的組合造就了理想主義者的特質。

這一族群的人注重精神層面的事物，追求個人成長。他們願意花時間去探索生命及生活的意義及目的，並且想讓自己成為一個更好（有價值）的人，在這方面他們充滿動力及想像力。因著這種理想主義的特質，他們同時對別人也具有同樣的期望，想要幫助他人進步，教育他人或為他人喉舌，改善他人的生活，善於激發鼓舞別人去開發潛能。他們看重良知道德，對人類全體的共同命運及福祉深切關懷。

理想主義者很看重人與人之間的關係，他們追求那種眞實、善良、純正、慈悲的價值觀。他們是四種族群中最重視精神生活的，對於宗教、靈性、智慧及個人潛能的開發等這類的議題，極易被吸引且花時間去參與或鑽研。

因為自己內心的情感豐富，理想主義者很能體會、感應別人內心的感受。他們天生具有慈善者的胸懷，樂善好施。他們也是四種族群中情緒起伏最大的。他們對自我存在及自我實現的認眞態度有時會讓人覺得他們過於要求完美，或擇善固執。

理想主義者同時也是較容易受騙的，因爲他們很容易相信人（這一點跟理性主義者正好相反）。從某種角度來說，他們是很天眞的。

這一族群的人對語言很有天分，表達能力很好。心思細膩、敏感，喜歡用文字或者其他藝術性的方式來記錄、描寫、表達內心的感受及所看到的事物。他們天生對美的東西很敏銳，對藝術極有鑑賞力，靈感充沛，想像力豐富。

相對於懷舊的社群主義者跟活在現在的現實主義者相比，理想主義者考慮事物時的時間觀念總是遠觀未來的，是向著一個理想不停往前走，感覺像是走在一條通往眞理（山頂）的小徑上努力前行。

理想主義者對人不吝惜付出，擅長開導別人，激勵別人，甚至鞭策別人成長。他們的這些特質帶給這個社會對未來，對人性美好境界一個更廣闊的視野和豐富的期望。

理想主義者（NF）		
角色	判斷反應 →（NFJ） 引導者	察覺反應 →（NFP） 代言人
外向	教育家型（ENFJ）	記者型（ENFP）
內向	諮商師型（INFJ）	哲學家型（INFP）

理想主義加上對環境以判斷傾向來應對處理的，這些人具有引導者（Mentor）的角色——為別人指引方向是他們自然的反應。

若是表現得積極，就成為教育家型（Teacher，ENFJ）；若是保守含蓄，就成了諮商師型（Counselor，INFJ）。

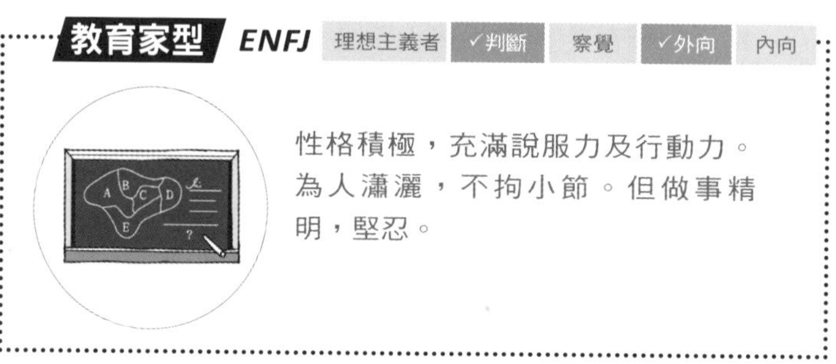

這一型的人口才流利，表現熱情，善於作公關。同時他們對別人的內在感受或想法非常敏感且捕捉準確，可以說是直覺性地能洞察別人的弱點及需求。他們很容易認同或同理別人，所以在內心很容易與人連結，讓人感覺到他們眞誠的關懷，建立彼此信任的關係。

這一型的人交友圈子廣闊，對身邊的人擁有超級影響力。不管是自己還是對他人，不斷地學習及成長是他們的宗旨。他們總是很自然地會去教導、鼓勵別人該怎麼做，而且樂此不疲。他們可以很輕易地看出別人身上的潛能，並熱心想要幫助他們發揮出來。他們常常不自覺地把他們身邊的人當成學生來看待，盡其所能地想要教導他們，而且相信在自己的努力調教之下，每個學生都是很有希望可以成功的。他們是具慧眼的「伯樂」，可以發掘或造就出令人驚豔的良駒。

不管是在哪一個工作職場上，對「人」的考慮永遠是他們最看重的。事情永遠不會比人重要，而且他們很本能地會去把這種想法溝通表達出來，讓人知道且試圖說服別人。他們對於要表達自己的感受毫不猶豫，其中多半充滿了對人及理想的熱情。他們在群體裡是非常活躍且受歡迎的，經常被簇擁為領導者。

對於事情，他們看重整體及方向，喜歡計畫及有條理的安頓，做事是很有承諾及擔當的。由於對人際關係講求合作及和諧，有時會因此而願意屈就自己，容忍親近的人。

他們總是很自然會看到別人的現狀與未來可能發展達到的目標這兩者之間的距離，所以很努力不懈地推動別人的成長，往目標前進，也不管別人是不是有同樣的想法和動力，因此經常會帶給別人壓力。

因為他們的自我意識很強，加上對人的影響力及天分，他們時常被人負面地解讀成在操控他人。

■成長建議

他們最大的問題是很難接受自己及別人的不完美及過失。應該適時的放鬆心理壓力及放寬標準。要能學會願意跟隨別人的指示，留更多空間讓別人發表意見。做實質觀察及考慮，對實務細節更加留意，三思而後行，免於太過大而化之。若能學習隨時有彈性地改變自己的計畫，採用別人的觀點，加上多一點的邏輯思維，將會是個更棒的領導者。

諮商師型的人大多時候很順應環境，但關鍵時刻卻非常堅持自己的人生原則。在逆境中可以很堅強，表現出外柔內剛的特質。

這一型的人所關心的是自我瞭解、成長，以及與親近的人建立有深度的關係。

他們有時顯得沉靜，甚至孤立獨行，但其實內心敏銳，感情豐富。他們在小團體裡或一對一的互動中可以很自在且有深度地交談。對人誠懇，能夠傾聽，也很自然地會想去幫助別人解決或面對困難。他們通常不會明顯地表現出領導者的態度，而喜歡在私底下來指導別人，幫助別人。他們對人的影響力是含蓄但有深度的。

感情細膩，但他們不會把自己內心最深處的東西輕易與人分享，除非是贏得他們信任的人。有時候內心深厚複雜的情緒會造成他們表現出來的態度令人困惑。不熟識他們的人所看到的他們的外在是很有限的，他們屬於那種內在非常豐富、精緻，需要慢慢被挖掘的那種人。

善解人意，具有一種無法解釋的天分與直覺，能夠非常敏感地發現且瞭解別人內心的感覺。他們容易讓人產生信任，願意主動與之分享內心深處的祕密。

他們爲人正直，堅持理念。在組織裡是有很效率的員工，注重團體和諧，喜歡把工作環境布置得愉悅且順當。他們對於人事系統很有一套，樂於合作或成爲別人的諮商顧問。但對於不合理的權柄，他們不輕易被領導，會以消極的抗爭或退縮來拒絕被操弄。

這一型的人對語言及寫作特別有天分，善於用寫作及隱喻來表達感情。他們很有想像力，是所有性格典型當中最詩意，多愁善感，甚至帶點神祕色彩的。

■成長建議

讓別人多瞭解你真正的、明確的想法。增強自己的適應能力，多去接納別人。不要做完美主義者，不要被自己的想法所局限而鑽牛角尖。放鬆對生活的要求及計畫，嘗試隨性一點。不要覺得做每件事都一定要「有意義」因而給自己造成壓力。

理想主義加上對環境以察覺傾向來處理，這些人具有代言人（Advocate）的角色——提供豐富的經驗及資訊，爲人喉舌。

若是表現得積極，就成爲記者型（Champion，ENFP）；若是保守含蓄，就成了哲學家型（Healer，INFP）。

他們對新鮮、珍奇的事物充滿熱情，情緒範圍很大，表達豐沛。他們對人生的態度就像在經驗一個有趣的故事，看到各種可能性——包括好的與壞的。世上各式各樣的人都能吸引他們的好奇和興趣，他們都想要能親身參與、經歷。

同時他們也很喜歡把自己的經歷與人分享，尤其是越特別、越與眾不同的，他們越迫不及待。記者型的人可以滔滔不絕地分享、描述這些新奇有趣的故事。他們說故事時不自覺地會帶有一些寓意，潛意識裡希望透過他們令人信服的話語，能激發他人對某種價值觀更眞實的認知及靈感。他們對語言表達的熱衷及天分，還有對人世的好奇、熱情，使他們成為所有性格典型當中最活潑有生命力的，且能激發別人在這方面同樣的興趣及潛能。

他們很注重自己身為一個個體的獨特性，眞實地做他們自己，這一點是他們很吸引人的地方。

就跟所有的理想主義者一樣，他們對人內心的情緒很敏銳，可以輕易讀出別人的心思，這是他們共通的特質。記者型的人很會觀察、留意身邊的人所發生的一些小事情，他們對周遭環境裡任何引人入勝的人事物都不放過，他們很少消極以對或輕忽這些訊息。他們還有一種特別的天分，可以把一些話語及行為賦予特別的意義，對很多事物的解釋及觀點是出人意表、令人印象深刻的。

因為不注重細節，又較為自負、主觀，他們有時候在做判斷時會造成一些嚴重的錯誤。

他們平易近人，對人友善，可以很自然地與不同的人個別建立深厚的情誼。在學校及工作場所中都是好相處的學生及同事。

他們常常讓身邊的人覺得他們能在灰暗不明的環境裡驟然點亮一盞明燈。雖然瞭解人生不總是盡如人意，但他們仍然相信眞善美的存在。

他們善於腦力激盪、提供點子，但同時也很容易因為其他有趣的事情而分散注意力，不擅長花時間處理小細節。對於工作，一定要是自己喜歡的才能去做，不喜歡太過規律、呆板的工作。

■成長建議

因花過多注意力及好奇心在外界環境，容易被分散注意力，而忘記一些本來應該要做的事，有時會讓人覺得不守信用（雖然並不是故意的）。這一點需要有意識的控制。加強內省及自律，約束自己太過隨性且不按部就班的性格。若能發展對計畫、規律及實務細節的注重，可以減少很多麻煩，尤其是在時間上的掌握。

這一型的人原文是稱做「療癒者」，強調的是他們愛好和平的天性，希望這世界上每個人都與人爲善，修好關係，不要有傷口。他們非常會關心人，而且他們的關懷是深刻的，是16種性格典型裡最具有悲天憫人的心腸的。

跟其伙伴記者型的人一樣，這一型的人腦子裡充滿很多點子及幻想，但他們比較隱藏，外表顯現出來是平靜安穩，甚或害羞的性格。

這一型的人對於追求完整性有一種天生的吸引力。就像他們追求人與人之間關係的完整無損一樣，他們在這方面可以說是非常無私地對人付出。

他們對於是非對錯有一種很強的自我意識。對這種人來說，這個世界應該是有次序、有倫理，每個人都該是正直、有尊嚴的。他們可以爲了這樣的理想或信仰而付出、犧牲，使得他們成爲理想主義者之中更加孤立的少數。

這一型的人從小就活在自己的幻想世界裡，卻不易被別人或父母理解。旁人會覺得他們不切實際、愛做白日夢，他們可能因而遭受責罵或鄙視，覺得自己像是醜小鴨一樣。

在工作上，這一型的人適應力很好，歡迎新的點子及資訊。對於複雜的狀況有耐性，反而不喜歡一成不變的工作模式。他們很能與人和睦相處共事，但同時也需要保留很多時間給自己獨處。交友要看是否和自己志向相投，價值觀一致。若是碰到知己，他們必定是有情有義，肝膽相照。

在做決定時，他們總是跟著感覺走。他們的感覺是很敏銳的，但對於事實眞相的捕捉卻有待加強。

跟其他的理想主義者典型一樣，善於文字和語言。他們特別有解釋及創作故事的才能，因爲對他們而言奇妙的事隨手可得，甚至是比現實世界更加眞實的。

■成長建議

學會保持現實。多參加不同的團體，欣賞多樣化的人，不要單單執著於自己有興趣的事物。學習計畫、組織個人時間並徹底執行。加強有條理的溝通能力。客觀彈性地處理事情，找出建設性的妥協之道，免於因為於對一些價值觀的堅持而顯得僵化或苛求。

永遠的英雄

雖然在眞實生活中的人口比例是少數，但理想主義者卻經常出現在很多令人感動的電影或小說裡，成爲主角。

電影《美麗人生》（Life is Beautiful）前半段男主角Guido Orefice（猶太裔義大利人）熱情浪漫地追求女友，到後來結婚的過程，花招百出，令人發笑，印象深刻。不難看出他腦中充滿新奇的點子，勇敢大方，生活處處是有趣的故事。電影的後半段講到他們被送進集中營，他編出一個捉迷藏的遊戲，讓五歲的兒子免於恐懼，不致於在艱困的環境中懷疑人性的美善，喪失對未來的盼望。一直到最後一幕他被捉走、臨要槍斃之前，面向著躲在垃圾桶後面的兒子，臉上仍然掛著大大的微笑，繼續假裝遊戲正在進行，似乎是在叮嚀兒子：

「不要擔心，不要失望。好好活著，人生永遠充滿希望！」

Guido Orefice是一個典型的理想主義者，是一個樂觀、好奇、能激勵別人勇敢面對人生的記者型。

電影《駭客任務》（Matrix）裡面的Neo及Morpheus，他們選擇面對險惡的眞相，努力奮鬥，而不苟延在虛假的世界裡。而且他們看重彼此之間的情誼，從一開始就眞誠相待，爲了一個關乎全人類命運的使命，他們都願意捨上自己的性命，全力以赴。他們倆都是理想主義者。

還有很多其他電影的例子，不勝枚舉。包括《辛德勒名單》（Schindler's List）裡爲了拯救一千多名猶太人而耗盡資財、冒險斡旋的奧斯卡辛德勒；《春風化雨》（Dead Poet Society）裡由羅賓威廉斯（Robin Williams）所飾演的那個對學生春風化雨、激勵學生的高中英文老師；經典英國小說《簡愛》（Jane Eyre）裡面那個在逆境中堅毅追求自我成長，最終贏得幸福的女主角；甚至包括宮崎駿一系列經典動畫裡那些勇敢承接大任，拯救眾人的年輕女孩。

這些角色很多是類似英雄一般的人物，即使不是大時代的英雄，也是勇於去做我們平常人不敢去做的事。不見得是什麼冒險犯難或血氣之勇的行動，而是一種對人性價值的信念與堅持所成就的改變或犧牲。這就是令我們感動的原因。

對大多數人來說，在現實生活中一定曾經碰到一些良心與現實矛盾、難以抉擇的情形。有些事雖然我們知道是對的，是應該去做的，但在掙扎過後，很多人會選擇向現實屈服，放下自己心中的良知或更高的價值觀的呼召。當我們看到電影裡這些人能夠勇敢地去做一些我們做不到的事，就好像代替我們完成內心裡一個崇高的理想一樣，是一種救贖，一種感激。所以我們會感動，會欽佩，我們會覺得心裡有某種東西被觸動、被震撼、被提升。這就是理想主義者！

印度國父——甘地，就是眞實人物的理想主義代表。他是二十世紀最具有影響力及啓發性的人物之一。他不經打仗，未費一兵一卒，一槍一砲，隻手帶領五億人口從大英帝國長久殖民的權勢之下被和平解放出來。他所憑藉的僅僅是他對人性、自由、及道德價值的堅持及說服力。這樣的傳奇在其他國家的政治歷史裡前所未聞，這樣的天賦也只有理想主義者的身上找得到！甘地是個典型的INFJ。

其他理想主義者的代表包括著名的心裡學大師榮格（Carl Jung）（INFJ），美國女詩人Emily Dickinson（INFJ），前蘇聯總理及諾貝爾和平獎得主戈巴契夫（ENFJ）。而許多著名的美國演員，如：羅賓威廉斯（Robin Williams）、珊卓布拉克（Sandra Bullock）、梅格萊恩（Meg Ryan）、比爾寇斯比（Bill Cosby）等都是喜歡創造及經歷新奇故事的ENFP。另外，著名的藝術家梵谷則是充滿想像力及悲天憫人胸懷的哲學家型（INFP）。已故的英國戴安娜王妃也是理想主義的代表人物之一（INFP）。關於她的更多描述分析，請看「走出愛情迷宮」一章。

大部分的理想主義者是極具個人魅力的，他們對身邊的人能帶來一種生命被提升的影響力，幫助別人看到人性的尊貴和價值。和這種人在一起，你會覺得自己的生命的確具有値得追求的意義。當他們爲了自己的信仰擇善固執的時候，可以變得很勇敢，也能啓發他人去勇於追求夢想。

圖解「理想主義者」

｜善於表達，有語言天分｜追求自我及人性價值｜

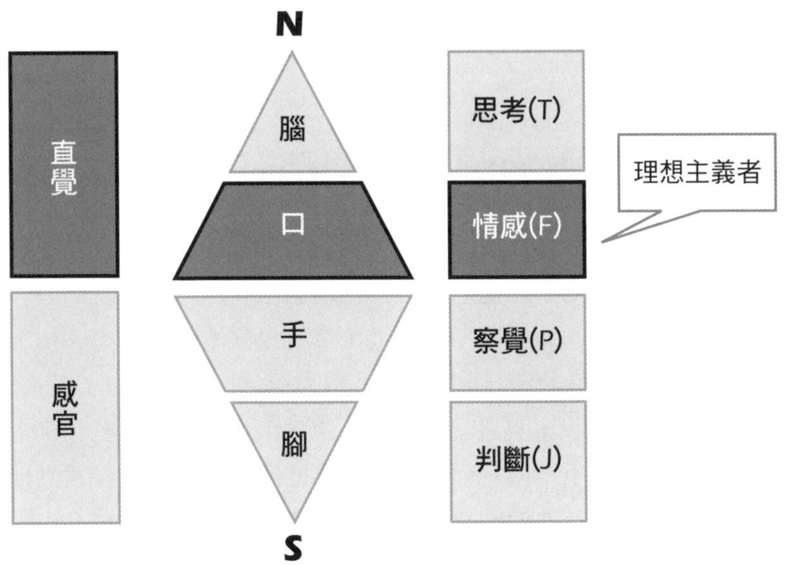

圖示設計：莫文

實事求是的

理性主義者（*NT*）

Rationalists

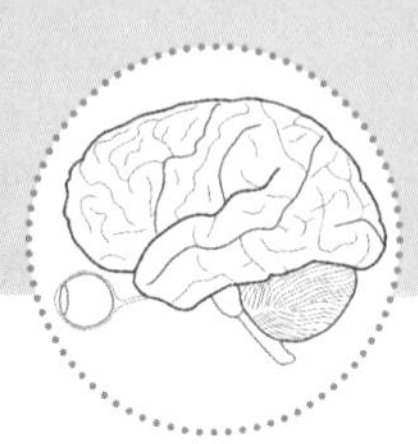

直覺性（N）收集資訊的人善於抽象的、理論的、系統的建構，搭配上邏輯思考（T），應用在解決「事情」，因此造就理性主義者的特質。

講求理由（原因）、方法及知識，理性主義者是解決問題的高手。他們可以輕易地用很有組織及系統的方法找到問題的癥結，循序漸進，具有很強的分析能力。加上客觀及冷靜的特質，讓他們在這方面更具說服力。

理性主義者具競爭力，這並不是說他們喜歡和別人比較或鬥爭，而是他們非常講究把他們手中的工作達到極致的成就。他們總是不自覺地在追求卓越（對事情），對自我及他人做事的效能及方法要求嚴苛。雖然不一定會用批評的方式表達出來，但他們希望要做就做對的事，要不然不如不做。跟理想主義者一樣，他們都是要求很高的人，但是理想主義者的要求是對「人」，而理性主義者的要求則是對「事」。他們在自己的專業領域上會盡力成爲專家。因爲在邏輯及方法上的優勢，很自然地，合乎科學方法的學科及領域都會是他們的強項。

他們也是標準的實用主義者，注重功能性，還有工具及方法的使用，以期有效達到目標，不喜歡浪費資源或時間。他們認爲世上沒有不能解決的問題，沒有不能克服的障礙。他們的腦袋隨時都在思考、運作、建構。

理性主義者具有遠見，善用策略。在考慮事情時，他們的時間觀念是從現在開始，到某個可預見的未來的這一段時間。所以他們所提供的意見既實用又有前瞻性。對他們來說，碰到每個處境都像是在交叉（十字）路口一樣，不斷地要做選擇，做調整，做改進，才能走到一個更好，更正確的方向。

理性主義者對於自主權及獨立性有很高的需要，不喜歡別人來干涉或告訴他們該如何做。跟其他族群比較起來，他們對於人們的認可或同伴的需求相對較低。

對事情（包括人）常抱著懷疑的態度。總要在腦袋裡或現實中，經過一番邏輯性的論證，才能慢慢加以信任。

因爲客觀且注重實用，他們做事時不太會在乎別人怎麼想，怎麼看，怎麼感覺。這樣的好處是他們絕對是就事論事，對事不對人，所以不會以個人主觀的情緒過度反應，不會公報私仇，不會遷怒。但缺點是有時太忽略人的感受，常會給人冰冷、沒有人情味的印象。

甚至在感情、婚姻裡，他們都是以理性、實用爲原則，很少有個人情感的流露或衝動。其實他們當然也是有感情的，但是在日常生活中，因爲他們習於運用邏輯、理性功能，而把感情這一塊藏在意識的深處，拙於表達出來。所以情感的表達和處理可以說是理性主義者最明顯的弱點。

理性主義者（NT）		
角色	判斷反應 →（NTJ） 統合者	察覺反應 →（NTP） 建構者
外向	將領型（ENTJ）	發明家型（ENTP）
內向	軍師型（INTJ）	學者型（INTP）

理性主義加上對環境以判斷傾向來處理，這些人具有統合者（Coordinator）的角色——善於有效的策略及全盤籌劃。

若是表現得積極，就成爲將領型（Field marshal，ENTJ）；若是保守含蓄，就成了軍師型（Mastermind，INTJ）。

將領型 *ENTJ* 理想主義者 ✓判斷 察覺 ✓外向 內向

積極、敏銳，剛毅、堅定。求新求變，有活力，有行動力。這一型的人善於策畫，有超強的整頓、配置、情境應變及組織的能力。他們對於突發狀況的準備及事先籌劃令人刮目相看。他們做事總是帶著策略的，不做沒有把握或沒有準備對策的事。

有系統、有組織，這一型的人是天生的領導者。他們無法坐視沒有方法，不去推動目標。從小時候就可以看到他們在團體裡發號施令，坐鎮指揮。不管到哪裡去，他們很自然地想去建立組織，給予指示。他們和社群主義之下的督察型的人一樣，對於任務或組織都善於計畫，但將領型的特長是他們更加著重於長遠的目標及政策，而非現時的規章、細節。

當他們是一個部門的領導時，無論是在軍隊、政府、學校、或企業界，總是很迫切地想要和部屬分享他們的遠見及使命，告訴他們前進的方向和目標在哪裡。對事情能夠系統化地總括、概述、展示概念、排列優先順序等，造就他們成熟的整合及協調能力。

將領型的人很容易在團體組織裡爬升，擔負重任，成爲有執行力的權力階層。他們容易把全副心思放在工作上而忽略生活中的其他事。他們可以把每個單位有系統地組織起來，順暢運作，事先籌劃，同時顧及近程及遠程目標。雖然跟督察型的人一樣都很善於計畫、組織，但將領型的人更擅長的是把這些能力應用在對外的「戰場」上的動態協調、佈局，而非對內的行政，因爲他們較不喜歡瑣碎的事務。

對這一型的人來說，做任何事一定要有明確目標及理由。他們希望在做決定的時候能夠有足夠的客觀數據，有充分的準備，喜歡把事情建構出有條理、可依循的運作模式，然後要大家都跟從。他們熱衷於降低官僚及沒有效率的工作模式。他們會毫不手軟地遣散那些無法達到他們要求的員工或冗員。他們對於效率要求極高，對於一再重複的錯誤會失去耐性。

他們是很有果斷力的人，總是迅速看到該做的事，並指派任務給他人。其他典型的人很少能像他們一樣在衝突中依然維持絕對的毅然堅決，所以當被別人挑戰詰問時，他們是非常好辯的，甚至你可能會被他們冷酷無情的眼神瞥到而噤若寒蟬。總之，這一型的人是輕忽怠慢不得的。

■成長建議

多加強彈性及適應能力，多容忍別人的失誤，諒解別人的能力有限。多花時間聽別人從不同角度的想法及見解，參與一些能放鬆、知性的、藝術性、玩樂性的活動。學習放慢腳步及計畫，偶爾做些憑感覺的、衝動的事也無妨。

所有理性主義者下的典型都善於計畫，但軍師型的人

對於應付各種狀況的準備及演練籌劃卻是更勝一籌，技冠群雄。這些複雜的運作、階段性的策略及步驟，一個緊接一個，像下棋一樣，對軍師型的人來說可以自如地運籌帷幄，即使面對突然或困難的局面，總是能夠從錦囊中掏出妙計。他們做事時一定會設計好第一套方案，但從來不會天真地認爲事情可以完全按照計畫進行而不出狀況，所以他們還會準備好第二套、第三套方案。他們善於權變，若是出現事先沒有預測到的情況，他們可以很鎮定且顧大局地採取緊急措施，把危機化爲轉機。

軍師型的人口本來就不多，而且除非在他們從事的工作場合裡能讓他們發揮出這樣的才幹，平常生活上他們不容易被認出來。雖然他們也能成爲不錯的領導者，但是軍師型的人通常不會主動在團體中發號施令，寧可躲在幕後，獨立運作，直到他看見在位的人的領導能力有問題，大大出錯，才會願意出山。然而一旦成爲領導者，他們就變成徹頭徹尾地好事且獨斷，咄咄逼人，希望所有事都按照自己的計畫進行。

跟其伙伴將領型一樣，軍師型的人也是很注重工作成效的。如果發現問題或沒效率，他們會很快改變運作模式或重新整頓人事。他們不受規章、傳統、口號的束縛，階級權威對他們也沒有恫嚇力。

他們對工作負責，不介意犧牲個人時間在工作上或者幫助同事，這一點讓他們容易受到賞識而被授與重任。

軍師型的人非常喜歡解決問題，那對他們來說是一種成就感及樂趣。他們天性會從錯誤失敗中迅速找到問題，加以解決，往前邁進，不願停留在過去。所以他們的溝通方式傾向於正面往前看，探討接下來該做什麼，而不是一直在負面的情況中打轉或回顧。

軍師型的人是所有理性主義者裡面最有自信的，甚至有時會讓人覺得他們自大、強硬、固執。他們很清楚知道自己知道什麼及不知道什麼。他們喜歡做決定，善於做決定，且迅速做決定，常常沒有先知會其上司或同僚就逕自做決定，先斬後奏。但是他們做決定之前通常會先做功課，收集並研究資料。他們能接受新的理論及概念，但必須是有實際根據的，否則他們會充滿懷疑。

軍師型的人較缺乏群體意識，他們對於與人建立關係的需求極低，是所有性格典型中在情感上最獨立的（emotionally independent），即使沒有人陪伴也不會覺得孤單。他們的社交及友誼不是很廣，雖然能對別人付出深度的關懷，但只有極少數的對象。

在個人關係上，尤其是男女感情，可以說是這一型人的致命傷。因為他們對人的感受不敏銳，常常不自覺地忽略平等溝通及妥協，不懂得放下身段，再加上他們對其他方面的知識及成功讓他們變得過於自負，過於相信自己的判斷，而在感情方面被誤導或出錯。

這一型的人很注重隱私，對於一般人約定俗成的社交禮儀也不放在心上，不懂得如何解讀。他們與人交往時最看重的是對方是否「合理」。不同於情感導向（F）的人會注重感受，他們注重的是「講道理」及「直接」。但是還好他們有一個優點，就是願意在有問題的關係裡尋求改進。

■成長建議

不需要時時在腦袋中計畫每件事情。多去放鬆地玩樂，與人交談，建立友誼與親和力。開放自己，大方與人分享。學習尊重權威。面對事情多一點欣賞，多一點寬容，多一點謙虛。

理性主義加上對環境以察覺傾向來處理，這些人具有建構者（Engineer）的角色——善於建造系統及模型（prototype）。

若是表現得積極，就成為發明家型（Inventor，ENTP）；若是保守含蓄，就成了學者型（Architect，INTP）。

他們的腦子裡充滿許多點子，總是在尋找更好的辦法來改進現有的方式或系統，用最有效的途徑來達到他們的結果，夢想能做出一鳴驚人的傑作。他們是所有典型中

最不情願循用同樣的方式來做事情的人，他們所到之處都爲人帶來不同的、新鮮的做法或發明。他們充滿好奇心，當遇到越複雜的問題時，就更努力不懈地去尋求各種可能性。

這一型的人身邊自然會有一群能欣賞、瞭解，且對於他們的點子有興趣的朋友，成爲他們生氣蓬勃的支持者。發明家型的人能在談話中非常投入地傳達、介紹他的想法，或聽取、隨從別人的點子。他們有好辯的傾向，起爭辯時，他們會不自覺地施展辯論技巧來讓對方下不了台。其實他們只是特別喜好去用相反的觀點來和人辯駁，因爲他們喜歡鬥智，並且享受其過程的樂趣，並不代表他們眞正一定就是堅持或相信反面觀點的。

這一型的人喜歡系統性的遊戲或玩具，比如說益智遊戲。他們喜歡沉浸在設計、創造一個實用的系統或理論，但對手做細節及實務不是掌握得很好。

除了有形的裝置，他們也很能對人事裡的政治局面抓到重點，進入狀況。他們沒有動機想去操弄或指示別人，他們只是出於好奇心，很想瞭解在這個系統之下的個人是如何息息相關地運作的。

不管從事任何工作，他們常像一匹黑馬一樣，會突然跑出來挑戰而且完成別人看來是不可能的任務，這是他們的特長。他們的座右銘就是：「我可以做得到！」他們對生活的態度是勇敢的、充滿冒險精神的，他們非常用心去做事，也會感動別人像他們一樣。

他們基本上是很樂觀的，但對於一些挫折或不方便，有可能會突然變得急躁易怒。尤其對於那些他們認爲是很蠢、頭殼壞去的人才會做的事情，他們沒有耐性。

發明家型是理性主義者之中最有人緣的，能與身邊的人自然聯繫，粉絲眾多。他們有一種特殊的本能可以很快地認出與他們志氣相投的人。他們會給人一種印象，好像除非你變成他的忠實聽眾，不然他不太會理你或注意你。尤其對一些內向的人來說，很容易會覺得被這種人所忽視。

跟他們打交道最好的方式就是直接表態，不要拐彎抹角。任何的心機、算盤、戲碼都會被他們以智取勝，反而偷雞不著蝕把米。

■成長建議

學習多一點對人的同情和仁慈，主動去服事別人。在適當時候保守一點，不要太過突兀或冒險。操練自律或接受別人的安排，多注重日常瑣事，而非總是隨性所致。有些時候要學會能對自己的想法忍痛割愛。若能更務實一點，學習掌握細節，其發明創造的落實能力將會更上一層樓。有傾向會誇大負面信息，因而苦苦思索，陷入情緒的深淵。學習不用急於思考出答案，而是先放鬆安定自己的情緒。

學者型 ***INTP*** 理想主義者 判斷 ✓察覺 外向 ✓內向

溫和、有禮、情緒穩定。具有細膩的觀察力，能把事物歸納、整合，加以調整變化。

這一型的人原文是Architect，應該翻作「建築師」，但並不代表他們眞的就很喜歡動手蓋房子或造橋鋪路，它所代表的意義是他們面對事物具有一種「藍圖」般加以建構及分析的專長。以蓋房子爲例，對他們來說，重要的不是用什麼實質的材料，而是整個結構及模型的形成及設計。他們看重的是那個基本架構的原則及自然律，他們所設計出來的東西是系統完整、有連慣性、且功能良好的。

他們對於想法及語言的眞確性要求精準，超過其他任何典型。他們很快就可以看出人事物裡的任何矛盾或前後不一，並加以糾正其中的不合理之處。對他們來說，聽別人談一些愚蠢荒謬、或沒有根據、自相矛盾、不合理性的東西，是無法忍受的。即使在最隨便的談話中間，他們都不能不去注意到別人說話的錯誤或不合邏輯（很多時候只是隨口或無心）。若因此起爭辯的話，他們理性辯證的強項完全是具壓倒性的。他們並不是爲了好辯而爭論，而是對他們來說，任何時候，任何對話，都應該符合邏輯，不能矛盾，不能模稜兩可、似是而非，所以有時會讓人覺得跟他們討論事情不是可以隨性或那麼令人愉悅的事。

他們極其看重實用價值，致力於把腦中的點子用各種有效的辦法轉換成實用的結果，所以他們會是很優秀的工程師或科學家。他們不會盲從於所謂的專家或權威，只要有道理，即使是業餘人士的意見他們都會欣然聽從、採納。這一型的人對於權威、文憑、專家等一般人會尊崇、相信的東西都不在乎，凡事只有符合「有道理、合邏輯、前後連貫、沒有矛盾」的原則才是有價值且值得依歸的。

這一型的人並不容易認出來，因爲在一般人面前他們很內向，甚至是害羞的。他們在群體裡其實是很隨和的，不願引起別人側目（只有當不合邏輯的言論出現時才會讓他們忍無可忍）。他們的專注力非常好，喜歡安靜地自己一個人工作。他們熱衷於分析，而且一旦進入這個思路過程，他們就像是對外關起門來一樣，對外界的事物毫不留意，直到他們終於理出頭緒爲止。他們尊崇眞正的聰明才智，有強烈的求知慾想要去瞭解一切事物的構造。

這一型的人對於數學很拿手，同樣地，電腦，甚或語言學的文法這種有系統的東西，都有可能讓他們很有興趣。共同的特徵是他們對複雜的、但有一定脈絡可尋的系統，都想要去研究。簡而言之，「系統」加上「邏輯」，就是他們的專長。

理性主義的人都是追求成就及效能的，然而跟同樣是內向卻非常有自信的的「軍師型」的人剛好相反的是，學者型的人會覺得自己可能還不夠好，事情可能還不夠完善。這都緣於他們對於資訊、認知過程的開放性，使他們一直處在尋找更多資訊或經驗的狀態。相對於軍師型的人以判斷功能取勝的傾向，學者型的人會認爲事情還有更多的選擇及可能性，可能有什麼重要的資料被忽略了，所以他們時時在和自己做潛意識的辯論，質疑自己論點的最終性及正確性。就這一點來說，他們是非常虛心且心胸開放的，不似軍師型的專斷。

這一型的人的缺點是對人的感受很不敏感，他們也不善於表達甚至是發現自己的感情，所以在別人眼裡，他們的感情是很難瞭解的。

■成長建議

與人之間更深入的分享、互動、及情感交流。多一點對人表示欣賞和感謝，改善自己木訥刻板的印象。在工作上，若能加強決斷力及行動力，將會使表現更加突出。

建造卓越

世界首富、微軟公司的創辦人——比爾蓋茲，具有令人羨慕的聰明頭腦、運籌帷幄的能力，而且果決掌管自己的人生，不受學院轄制，爲自己創造機運。

比爾蓋茲從小就非常聰明，學什麼都很快，課業對他來說輕鬆容易。唸書時代他的交友圈很小，不喜社交，也不是很合群。他特別擅長數學，喜歡研究電腦程式，埋首於除錯，找出問題。他性格裡很明顯的一個特質是求進步，不斷要找到最有效率的方法，把複雜的問題回歸基本面，而對於不管用的方案立即棄之如弊履，毫不留戀。另外，比爾蓋茲有自信、不張揚。做決定時深入思考，不露情感。多工、大局、看重競爭性；獨立，自己自足。

比爾蓋茲是個內向且以判斷取向做反應的INTJ（軍師型）。這樣的頭腦，加上良好的客觀條件培養，及運氣，讓他對科技的熱情可以獨領風騷，發展到世界級的頂端，甚至改變人們的生活方式。

美國迪斯奈樂園及相關企業的創辦人——華德迪斯奈，則是發明家典型（ENTP）。他樂觀，充滿活力，內心裡總是有很多的點子，以及想要嘗試，想要成功的衝動，擋都擋不住。他腦子裡的眼睛可以看到整個圖畫，擅長把零碎片段整合起來，湊成一塊美麗的大型壁畫。他是個多樣化，有發明創新精神的人，致力於把想像的世界與現實的世界連結起來，打造一個夢想王國。

在華德迪斯奈的傳記裡提到，他小時候在家鄉第一次坐火車、坐電梯，那些新奇的經驗都對他留下深刻印象，成爲他回憶裡很重要的一部分。他的經典作品《幻想曲》（Fantasia），充滿創意及想像力，成功地結合了一首完整的古典音樂及生動活潑的卡通人物故事。

他的人緣很好，而他的工作室成爲許多動畫畫家的栽培園地，保持他的事業繼續有創意的刺激與發展。在他的動畫故事裡，主角常常是在勇敢地逃離圍困，自由且無所不能，充分表現出一個ENTP所嚮往的世界。

想像一下，如果今天我們的世界裡沒有人人唾手可得的電腦，沒有為我們帶來魔力奇想的迪斯奈故事及人物，我們的世界是否會非常不一樣？理性主義者雖然是少數，但卻是對我們生活實用及文明進步具有重要貢獻的一小群人。

其他理性主義者的代表人物有著名的科學家愛因斯坦（INTP），物理學家費爾曼（ENTP），美國總統約翰亞當斯（ENTJ），發明家及政治家法蘭克林（ENTP）。

圖解「理性主義者」

｜具有遠見，善用策略｜解決問題的高手｜

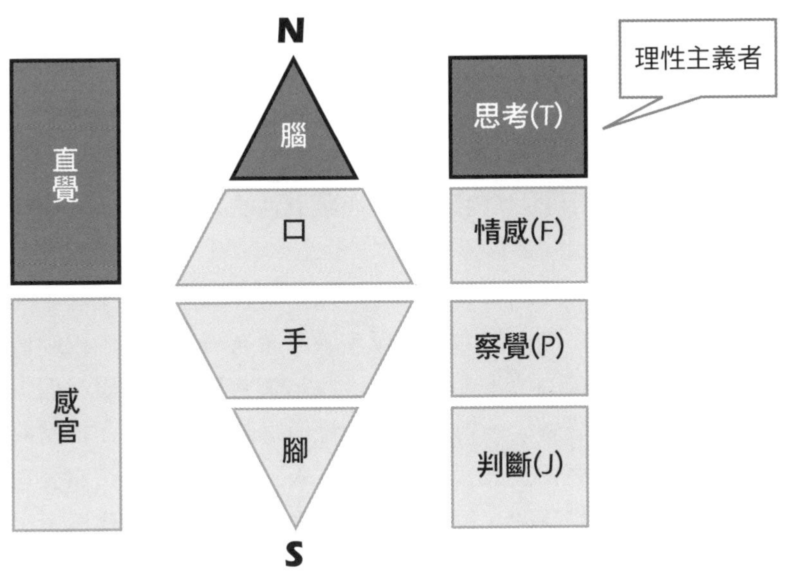

圖示設計：莫文

30分鐘破解性格密碼

Decoding Personalities in 30 Minutes

咖啡店裡人聲吵雜，傑克坐在我對面，兩手拱握，不停轉動著手中的杯子，我一眼即看出他神情中透露出的惶惑。

「兩個月前我們公司有戲劇性的人事更動，我所在的部門受到極大影響。」

傑克在一個非常知名的大企業裡工作超過十年了，足夠的能力加上努力的表現，讓他從一個基層的工程師慢慢升上主管的位子。認識他這些年來，我們見過幾次面，簡單地吃飯聊天，對他的印象是他很健談，對工作很認真，偶爾喜歡招集三五好友相聚吃飯。我知道他在這家公司這麼多年的時間，曾多次想要出去試試看別的工作機會，或去創業，或去大陸。都曾想過，也去打聽，但從沒真正下決心踏出那一步。偶爾聽到他描述他那壞脾氣的老闆，很會罵人，但其實心地不壞。他追隨這老闆6、7年，在公司裡共同經歷風風雨雨，上上下下，自有一番革命情感及默契。

「我們部門80%的人都被遣散出去，連我的老闆也在這場暴風中被迫離開了！」

「那你還好嗎？」我早有聽聞他們公司這波全球性的人事更動。在他來找我的時候也就知道他很幸運地被留在原來單位，沒有受到影響。

「我的職位沒受到影響，反而是改組後有很多新的任務及人事問題，讓我很傷腦筋。」

接下來他花了一段時間告訴我，這兩個月來工作上的變化所帶給他的壓力，甚至沮喪、驚慌。

其實照新的人事組織來看，他多出了更好的發展空間及機會。因為收編了不同的資源及專案，責任加重，而且他現在的頂頭上司頭銜比他之前的老闆高了好幾級，表示他的身價也無形上漲。照理說他應該要很高興，但沒想到他反而覺得很紊亂，有點不知所措。

一方面是大幅度的縮編改組帶走了很多熟悉的舊人，卻從他處闖進一些不認識的人。為了節省人力資源，有更多繁雜的工作項目壓下來。還有，與他共事多年的老闆的離開，讓他對處理事情的方向上頓失依靠。而新的老闆是遠距管理，並不在同一個城市，而且是個三不管的老闆，什麼事都不聞不問，也不交代清楚，讓他自己去搞，然後不痛不癢地說聲：「好，可以。」雖然沒有指責，聽起來好像沒什麼不好，但他心裡卻覺得很不踏實，好像少了什麼，一直擔心自己做的到底對不對。

聽到這裡，我已經有個概念，可以猜到傑克的性格典型是屬於哪一族群了。

「傑克，在工作環境中，你是個很看重階層及權柄的人嗎？」

他毫不猶豫地大力點頭。

「是！對於那些比我資深，在上位的，甚至只是年紀比我大，我都覺得自己必須非常敬重他們，不可冒犯。我從來不敢挑戰權威，即使心裡有很多的不滿。」

我依稀記得以前聽傑克提起，他曾經和他的老闆爲某些事意見不合而拍桌子大吵，聽起來好像和以上的描述不相合，但我自有一番理解。

「你樂意參加群體的活動，比如說家庭聚會，公司郊遊或康樂活動，還有朋友的生日或重要節日的慶祝活動嗎？而且會主動幫忙做事、張羅。」

「沒錯。那就是我。」

「當你和別人相處的時候，即使別人沒說出來，你很自然會去注意到他們的感覺或需要嗎？」

再一次，他第一時間就給予正面回答。

「對！我非常敏感。我會想，對方跟我說話或在一起時是不是覺得很自在，有沒有哪裡讓他覺得不舒服，不高興。我會很留意去關注這方面的小事。」

「好，我知道了。那麼，當你在做決定時，如果碰到法理與人情的嚴重衝突時，你是怎麼想的？」

他苦笑了一下：「我常常面臨這種掙扎。」

接下來他舉了幾個例子給我聽，包括幾次他被迫砍掉（裁員）他手下的員工。

「我可以告訴你，我是非常以感情爲重的。理智上我都明白怎麼做是對的，也都同意那是最好的辦法。但我就是下不了手，會因此痛苦到晚上睡不著。」

此時他的性格典型已經呼之欲出了，對我來說是再明顯不過了！

我只剩下最後一個問題。

「你可以在一個很大的社交場合裡精力充沛地去與很多不熟識的人一直寒暄、聊天嗎？」

這次他稍微猶豫了一下。想了一想，他回答說：

「還算OK啦！我可以做得到，但我較常和幾個很熟的朋友相約，把大家的家庭帶出來一起參與活動或聚會。」

到這裡爲止，讀者你是不是已經可以從我問話的脈絡及回答之中猜出傑克的性格典型？

一旦我確定他的典型之後，感覺就像我已找到鑰匙，打開了一個資料庫一樣，許許多多關於這個人的特質，從大方向到小細節，從外表到內心，他的優點、缺點、思維方式，做事方法，我已經可以長驅直入，像看一本打開的書一樣，一目瞭然。

雖然實際上我所做的只不過仔細聽他描述最近發生在他身上的事，他的感覺，然後問了幾個問題，前後花不到30分鐘。

我很快地切入重點，告訴他我開始要給他一些關於他性格的指點與提醒。

「傑克，儘管也許你曾經質疑過自己是否應該要出去冒險、闖一闖，但其實你非常適合待在一個穩定、有架構的組織裡。你不要懷疑自己，你很有潛力可以在你目前的工作上成爲一個好的主管。因爲你天生性格重視群體，遵從組織架構及政策，對上服從，對下照顧，而且很善於安排、計畫，有絕對足夠的行政管理能力。」

他聽著，點點頭，同意他的確有這方面的能力。

「接下來我會告訴你幾個你需要改進的地方，那也是爲什麼你現在會感到如此困窘、混亂的原因。」

「第一，你應該多增加自己的彈性及容忍度。你對人對事，有太多的成見或自己原有的框框。你會按照自己的預設立場太快下結論，然後沒有什麼轉圜的空間，心態不夠開放。因爲這同樣的原因，你面對環境的變化時，適應力不是很好。所以現在這個巨大的人事變動，即使沒有威脅到你的工作保障，對你仍然是個很大的壓力，很難調適。」

我相信傑克這些年來在工作上對自己有足夠的認識及反省，他馬上就同意我關於他「不夠有彈性，太多成見及框框」的指正，並且舉了幾個例子給我聽。

「你的這個特點會影響到你做決定的時候，不夠客觀，而且太快下結論。如果你的預設立場或成見是對的，那就還好；如果是錯的，你就可能做錯決定，或喪失一些機會，或有更嚴重的後果也不一定。」

他完全接受並同意我的說法。

「第二，你是一個做事很需要準則、規章、及明確目標的人，不然你會覺得很虛，好像在一團迷霧當中找不到路，沒有依循的軌跡。所以當你熟識、依賴多年的老闆突然離開，現在這個新老闆又什麼都不管你，放牛吃草，你好像一下子被放到野外去自己求生，不知道該怎麼辦。所以你心裡很恐慌，壓力很大。」

從他的表情，我知道我的話一針見血地說到他心裡去了。

「第三，你處理事情時太過注重以前的經驗及眼前的需要，你應該學習建立長遠的眼光，多看大方向，而不要被個別事件所絆住。要成爲一個更好的領導者，你需要增加看事情時的寬度及廣度，需要掌握大局，而不是只有片面。」

傑克的眼睛睜得老大的，很驚訝地問我：

「妳怎麼好像看過我的人事績效考核表一樣？這的確是我的建議改進欄上指明要努力的重點。」

接下來，他跟我提到一個他不甚了解自己的地方，就是有時候他會對自己充滿自信，知道自己做得很好，也有能力。但有時候又會突然覺得困難重重，很沒把握，想要退縮。

聽他多一點的解釋之後，我跟他說：

「你覺得沒有信心，並不是因爲眞的懷疑自己的能力，而是因爲你憂慮太多。你花掉很多時間及精力在擔心一些自己無法掌控的事情上面，或是害怕達不到別人的期待。」

「對，對，對！妳說的眞是太正確了！」他又跟我分享了很多生活上令他憂慮，給他壓力的事情。

「你所憂慮的很多事其實是不會發生，或者根本沒那麼嚴重的。」

「但我就是停不下來這樣的念頭。」

從這一部分的對話所獲得的資訊，我猜傑克若不是ESFJ（主人型），就是ISFJ（保護者型）。兩者同屬於社群主義之下「監護者」的角色。

那天的會面之後我請傑克做個測試，結果是ESFJ。

如何猜測別人的性格典型

想瞭解某個人到底是屬於哪一型，只要你詳讀本書，熟悉16種性格典型的分類方法及特徵，透過一些簡單的觀察，加上關鍵性的提問及對話，大部分的情況是可以很快就找到答案的。當然，你也可能碰到一些情況，覺得對方好似沒有那麼簡單或明顯的傾向，極有可能他的動態發展（見下一章）非常成熟；或者對方有意隱藏眞正的自我；或者被一些心理或精神性的疾病所干擾，以致失眞。

以下是猜測性格典型的步驟：

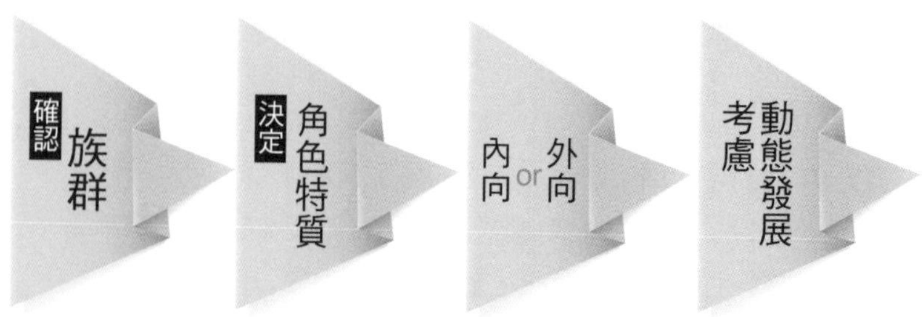

1. 確認「族群」

要猜測別人的性格典型，最容易的方法是先將你已有的資料（對此人的觀察及認識）和四大性格族群的特質做重點式的比較。因爲四大族群的性格特徵有非常明顯的區別，比較容易在一開始做分類。

讓我們先來看看，把四大族群用「察覺功能」做個分界，劃下一刀，分成兩邊。

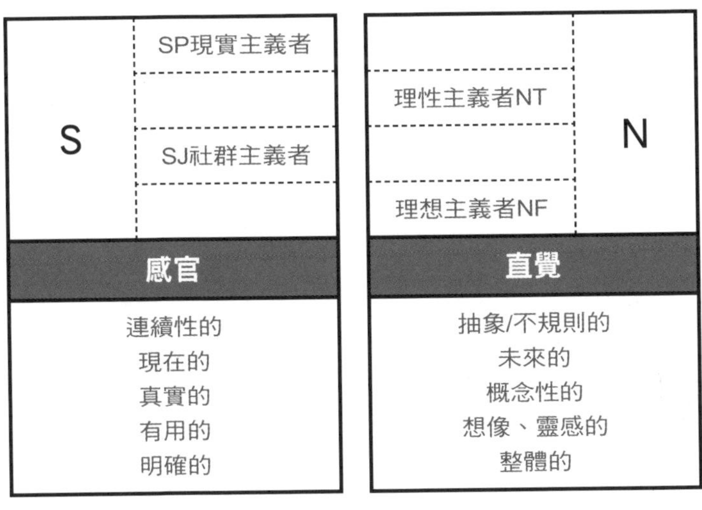

SP（**現實主義**）及SJ（**社群主義**）都是用明確的、可掌握的感官方式學習外界事物的；而NT（**理性主義**）及NF（**理想主義**）則是用腦袋裡的想像及理論來收集資訊的。

以傑克的例子來說明，一開始當他跟我敘述公司人事變動的經過時，我就已經有個方向，知道他是個感官型的人。他對外界事物接收的資訊是非常明確的，可清晰描述的，有事件，有來歷，有細節，而不是一個概念性或總括性的描述。

其實，更簡單的是以對四個族群不同的特徵直接辨認，我很快就猜到他應該是社群主義底下的某一型。我問他的頭兩個問題（看重階級權柄，還有喜歡參加群體活動），就是在確認他是否如我所猜的是個社群主義者（SJ）。結果果不出其然。

2. 決定「角色特質」

如果你第一步確認出來的族群是SP（**現實主義**）**或SJ**（**社群主義**），那麼下一步驟就是去辨別那個人的判斷方式偏向較多用理性思考（T），還是感情用事（F）的。

思考（T）	情感（F）
客觀的 堅定的 公正的 清晰的 批評的	主觀的 人性的 情境的 和諧的 社交的

這一步的動作其實就是在所屬族群裡定位其「角色」。

所以我問傑克的下兩個問題（對別人的需要敏感，還有做決定時會受到個人情感的掙扎），就是在看他是T還是F。其實當我在問他那兩個問題時，心裡都已經大概知道他是個F型的人（根據他之前說話裡的一些蛛絲馬跡）。

到這裡爲止，我們已經知道傑克是個SFJ，監護人的角色。

反觀另一種情況，當你第一步確認出來的族群是NT

（理性主義）或NF（理想主義），下一步則是去觀察他日常生活的反應態度是有次序、迅速做決定（J），還是比較隨機應變，到時再說的那一種（P）。同樣的，這一步也是在做角色定位的動作。在MBTI®的四個指標取向裡面，最後這一個所謂的反應態度，是最容易在生活上及人際互動中觀察、感受到的。如果你發現這個人做事很有條理、計畫，做決定很快，那他八成是屬於J的；相反地，P的人傾向於且走且看，不要急著下定論。

判斷（J）	察覺（P）
果斷的 可掌控的 固定的 有計劃的 有限定的	未決的 有彈性的 順應的 暫時的 開放性的

有一次我和一個曾經通過幾封電郵的S君第一次碰面，他對我來說算是全然的陌生人，我對他的瞭解只有他是在高科技公司工作多年，爬得很快，職位面向很廣。在會面過程中，S君真誠坦率的性格很快就凸顯出來，還有，他講話非常有感染力，溫和中帶著鼓勵，讓你覺得這個世界充滿希望。然後我們聊到他很喜歡到世界各地自助旅行，到處去體驗異族異鄉的不同文化，累積故事。不到一個小時的會面，我已經可以猜測到他是個記者型（ENFP）的人。

第一，他在言談間吐露出很多跟「人」有關的想法，不是針對個別的人，而是對整體的人類、人性、人文的關懷。加上他的表達能力很好，情感豐富，很明顯的就是一個理想主義者（NF）。

接下來，他談論事物的反應是溫和且開放的，對人的態度是傾向於發掘、鼓勵。如果夠細心去留意，會發現他的想法裡不時出現對完整性，及新的可能性的追求。這已明白指出他具有察覺型（P）的反應態度，在理想主義的族群裡是個代言人（NFP）的角色。

最後，他熱誠、大方的能量，以及能夠在一個第一次見面的人面前自在地散發熱情，分享自我，讓我最終把他歸於外向，且完全符合ENFP的種種特質。

3. 能量「外向v.s.內向」

無論是哪一族群，猜測的最後一步，才是決定其能量的外向、內向。

外向（E）	內向（I）
熱烈的 表達的 廣度的 不鑽牛角尖的 喜愛群體的	注重隱私的 有集中力的 深度的 往心裡去的 自省的

所以我問傑克的最後一個問題，就是要知道他的能量態度。而他給我的答案其實不是非常明顯或極端，他同時有兩邊不同的傾向。但大部分時候他是比較外向，能表達的，所以ESFJ是他的主要典型。

基於經驗，在我觀察猜測的過程中，通常這一步（辨別外向內向）並不太需要。因爲我是隨同上一步的角色定位一起做考量的。出於對16種性格典型瞭若指掌，我可以靠著一些透露其性格特質的蛛絲馬跡，立即判別出最終的典型。我依靠的是同一種「角色」下兩種不同典型的描述與表現來做決定，而不是用一般人所認爲的外向內向來做決定，因爲我發現能量態度這一個指標取向很容易造成誤導，不易斷定，因爲很多人通常在不同的人面前表現出很不同的能量態度。

在做MBTI®性格分析時我發現，即使同樣是內向型的人，卻會因其判斷功能屬於思考型（T）或情感型（F）的不同，而給人造成不一樣的印象。比如說，理想主義者（NF）因爲天生就善於表達而且很在乎「人」，所以即使是內向，理想主義者的內向型仍然是非常善於表達感覺的。當他們感覺強烈，很想表達的時候，仍然可以說得眉飛色舞，令人印象深刻。但理性主義者（NT）的內向型則果眞較爲木訥，不擅言詞。

舉例來說，某君是個非常平易近人的人，朋友很多，很好相處，很能社交，與人活潑自在地聊天、開玩笑、主動關心人，但其實眞正深交的朋友只有兩三人，他不太輕易或主動表達、分享內心的感受。他是一個內向型的人，更精確地說，是個INFJ，雖然不夠瞭解他的人可能會以為他是外向的。但當我仔細比較ENFJ和INFJ的性格特質，並對此人有更入微的觀察時，就可以確定他是INFJ而非ENFJ，其中原因包括當他對別人提出意見時沒有那麼強迫性，還有他的內在情緒更加地敏感且有深度。

另一個人，看來很沉穩，不多話，不出風頭，但很樂意配合甚至推動群體活動，當有想法時會積極發表意見，不介意展現其熱情奔放的一面。從外表無法輕易判斷他到底是外向還是內向，但藉由詳細的性格比對，卻發現他是個外向型的的ENTP。因為和內向型的INTP比較起來，他沒有INTP那樣明顯的懷疑主義，且那麼極度需要個人的空間，而且點子很多。

讓我再來舉一個猜測典型的例子。

我試著為一個朋友的先生做性格典型的猜測，這個L君我只簡短碰過幾面，沒有眞正聊過天。猜測所憑的資訊全由朋友提供，並不是和L君當面對話。以下是我得到的資訊：

- 很喜歡打電動，而且很厲害，不斷創紀錄，以此有成就感
- 家裡的事很隨性，不挑剔
- 不喜歡人家管，不喜歡受限
- 工作上表現良好，機智聰明
- 出現麻煩事或問題時很能應付、解決，腦筋動得很快，可以立即擺平

• 對聲光的刺激很有反應
• 不算活潑外向，是個宅男

以我的熟練及專業，綜合以上資訊，我很快就可以判定他是個ISTP（工匠型）。

若是根據本章所教的步驟，應該是這樣的思路：

（1）聲光刺激 ⇨ 感官型（SP或SJ）
（2）生活隨性，不喜歡受限，反應很快，手巧（包括打電動及工作上操作機器）⇨ 現實主義者（SP）
（3）新技能上手很快，工作表現機智，出色的問題解決能力 ⇨ 操作者的角色（STP）
（4）宅男 ⇨ 內向（ISTP）

但是我必須提醒讀者小心不要落入以偏蓋全的陷阱。並不是每一個個案都像我所舉的例子這麼容易，而且我是從他身邊親近的人加以詢問，收集到許多我所需要的資訊，藉以判斷。如果你跟此人不熟，又沒有足夠多元及彼此佐證的資訊，妄下判斷是不適宜的。在做性格推斷時，我們應該要避免把人輕易「貼標籤」，太早下結論而失去客觀的角度。最好的練習對象還是我們身邊較熟悉、有許多機會可以不斷反覆觀察、推敲的人。

再者，也不是每個你所問的問題都能得到肯定或明確的答案。有時對方的回答模稜兩可，或對自己也不甚了解。其實，對眞正資深且經驗豐富的諮詢師來說，這過程本身（對方回答的方式，或思考、反應的態度）其實就隱含著豐富的資訊，是可以用來觀察成爲辨別性格的依據的，對方所給予的答案倒不見得是100%準確或重要了。

對初學練習的讀者來說，也許會碰到一種情況，就是觀察、分類半天，還是很難將之歸類或從最後兩、三個可能性中做一個抉擇，因爲對方似乎每一種典型都具有一部分描述的準確，卻又都不是非常凸顯、明確。關於這種情形，下一章馬上有更多的例子及解釋。

我有雙重性格嗎？

I Act in Both Ways

小均在熟悉的朋友之中，經常表現出明顯的理想主義者的特質。她關心社會上的不平及不公，擔憂人們自私自利所帶來的後果；她做事寧可憑良心而做，也不要投機取巧。她傾向於擁護女性主義，因爲她覺得女性長期以來受到社會制約，沒有得到其應有的尊重及應享的權利。她很容易和人作朋友，對朋友大方、眞誠，喜歡聽別人的故事，喜歡去旅行，去嘗試不同的事物，偶爾寫點東西，喜歡運用想像力創造有趣的故事。大部分的時候，她看起來非常符合記者型（ENFP）的典型。

然而有些時候，她覺得自己的行爲或想法又不完全如以上所描述的那樣。她喜歡繪畫跟藝術，當她有空閒的時候會想要動手信筆塗鴉，而且可以因爲一時衝動而整個人埋進去，廢寢忘食。在這種時候她會變得不太想跟人說話，不想用語言來表達自己。她很安於穩定的家庭生活及一雙可愛的兒女，與世無爭，但同時內心深處隱約有種對自由及漂泊的渴望。這樣的性格描述聽起來則像是藝術家型（ISFP）的典型。

讓我們再來看另一個例子。大偉從小個性就很突出，對凡事充滿懷疑，要求合理解釋，而且不喜歡別人來干涉他，告訴他該做什麼。他不怕發言，即使說出來的話常常是具有挑戰性的，令人無法招架，甚或令人覺得不舒服的。他擅於在一個混亂不確定的情況之下看到問題的癥結，迅速做出判斷，並調度支配可運用的資源來應付。大偉天生是一個將領型（ENTJ）的人物，屬於理性主義者。在他成長的過程中，他過人的能力及見識得到許多師長的認可，卻同時也贏得一個難以駕馭，不與人為善的形象。

後來當大偉接觸並委身於一個宗教信仰之後，漸漸地，他的性格被改變了。他變得越來越能體恤、瞭解別人的感受，甚至花很多時間來幫助他人從各種困境中走出來。他開始對人的情緒變得非常敏感，不但能夠同理他人，而且有一雙慧眼可以看到他人的潛力，知道該如何引導他們從問題中突破，給予鼓勵在朋友的眼中，現在的大偉變成了一個教育家（ENFJ），屬於理想主義者。許多人因著他的引導與激勵，從被壓抑或埋沒的境地中脫困而出。

在榮格的性格理論裡提到，人的性格是會隨著時間發展的，而且根據「天生」的性格典型，我們還可以推測出每一種典型不同的發展途徑。所謂的「動態發展」，是一個隨著年齡及經驗發展的過程，通常發生在我們成年以後。

在我們成年且性格定型（約20～25歲）之前，如果沒有受到外界太多的干涉或制約，我們很自然地會在我們天生的性格典型上充分發展。比如說，一個感官型（S）的小孩，就會在感官或動手的某些事物上展現其長處，因為他可以不費力地把這些事情做好，然後他的自信心及興趣都會增高，越做越好，變成善性循環。到了中年以後，隨著社會及人生經驗的累積，我們開始瞭解並學習有時候我們必須用一些我們原本並不善用（偏好）的功能或態度來處理、應對。比如說這個感官型（S）的孩子，等他到了40歲，工作的歷練及要求讓他學會更多地使用抽象思考，顧及大局，多點遠見。也就是說他的察覺功能開始往他原本不偏好的方式（N）在發展。同樣地，這也可能發生在判斷功能（T vs. F）。比如說一個原本思考型的人，後來會開始變得比較能體會或顧慮別人的感受。

當我們開始發展我們的次要（不偏好，not-preferred）的功能之後，一個人在面對不同或某種特殊的情況時，會變得較有彈性地改變自己原來天然的想法或行為，以致於轉換成用另一種不同的偏好或傾向（preference）來應對，導致我們性格的彰顯不是那麼純粹。

我們可以說這是一個人成熟的過程。

以大偉的例子來看，從T到F，大偉所發展的指標取向是他做決定時的判斷——從以理性思考為依歸變成了對人的感受的敏銳。大偉依然是個天生的ENTJ，具有很強的領導能力及邏輯分析能力。但現在的他當面對「人」的問題時，多了一份同理心，並且知道該如何鼓勵及善用人才，將之佈署在不同的位置上，來達到最好的成效。

讓我們再看看一個從現實主義發展出理性主義特質的例子。男士G天生屬於工匠型（ISTP），在休閒生活中他喜歡做木工、玩車子及機械。身為工程師的他因著升遷及責任的加重，在工作裡學會方向性的策劃，除了原本注重細部實際操作的傾向之外，現在的他也知道如何考慮及掌握系統架構的完整性（N），因而使他加上了一點學者型（INTP）的性格特質。

之前曾經提到過電影《辛德勒名單》，在二次大戰期間驚險拯救上千猶太人的德國商人奧斯卡辛德勒的眞實故事。辛德勒本來是個好色又喜歡享受生活的投機商人，身材高大、相貌英俊，風流倜儻。而且還是波蘭當地納粹組織的中堅份子，慷慨結交了很多德國軍官和黨衛軍。當初他只是為了發戰爭財，買下一家經營不善的工廠，雇用廉價的猶太工人，沒想到後來竟變成了他們的避難所。辛德勒在戰爭期間看到猶太人被慘無人道的虐待及屠殺，震撼了他的心，喚起了他的良知。以致到後來他可以不惜花盡他所有的金錢，冒著生命危險，靠著自己和德國軍官戈特的交情大膽去交涉，盡可能地保護、救出更多的猶太人。

辛德勒原本是個標準的現實主義者，極有可能是表演家型（ESFP）的。但戰爭成為他性格轉變的一個重大導因，當他的察覺功能從S往N發展的時候，他就從一個盡情享受生活、活在現在的現實主義者，變成了一個綜觀大局，看到人性價值並為弱勢族群代言的理想主義者，ENFP（記者型）。

在做性格測試時，我們常常聽到人們說有些問題難以選擇答案：

「我兩種都有可能。」
「要看情況。」

這就說明了人的性格並不是靜態不變的。若是一個人一輩子都不會因爲經驗而有所學習或做改變，那反而是個問題，也可以說是欠缺了成熟發展的過程。然而爲了要判定你天生的性格（也就是你在沒有壓力之下，沒有被改變之前，最初的眞正的自我），我們鼓勵受測者回想自己年輕時（20歲左右）的想法及行爲，依此爲作答的參考。

換句話說，30歲之前的性格是天生的性格，也是比較純粹，容易判定的。當我們年紀越大，人生經驗越豐富，越是成熟，所表現出來的行爲就不是那麼容易讓人「一目了然」。但在內裡，我們還是擁有一個「天生」的性格，是我們與生俱來最習慣，不假思索即能自然反應或使用的偏好。

榮格的性格發展理論其實非常複雜，它描述了16種不同性格的人是如何按著各種不同的軌跡在一生當中動態發展，是可以預測的。一個在這方面受過專業訓練的資深諮商師可以因此分析判斷出你行爲的哪一部分是來自天生的性格，哪一部分是後天發展出來的。

關係配對

Relationship Pairs

爲了讓我們更進一步瞭解性格之間的互動關係，我在以下列出16種關係配對，用以解釋任何兩種性格典型的配對所可能產生的效應。這可以適用於所有的人際關係配對，包括配偶、朋友、同事、親子。

以第一章裡提到的夫妻的例子，太太是ESFJ，先生是INTP，他們之間的關係是什麼呢？

互補

在共同的興趣上具有對方所缺乏的角度及洞見，就像是分別坐在同一張長板凳的兩邊去看同一個物件，互相指教。

戰友

就像在運動場上的隊友，因為一起經歷某個嘗試或目標而互相吸引，並肩作戰，一旦競賽結束就各自解散，不指望能長久持續。

導師

彼此是對方的老師，可以幫助引導對方不足之處發展更成熟。他們之間的異議最後通常會因為具有同樣的察覺方式而達成和解，彼此都學習到不同的東西，擴大眼界。

室友	在情感環境及氛圍上具有相合程度的需要，可以很自在地共處一室，雖然在長期的目標或價值觀上不見得一致。
同事	雖然有不同的見解，但很容易達成共識，在經驗上互相連接，安然共事。
異族	重要的三個指標完全相反。感覺彼此像是來自另一個國家，語言及風土民情皆不相同，須花極大的努力來摸索及適應。
搭檔	具有類似的文化，用相同的方式學習，卻各自有不同的興趣及能力。
對立	完全兩極化的特質，易造成誤解及困窘。
親戚	前三個指標一模一樣，但最後一個反應態度不同（P vs. J）。具有類似的社交、思維及判斷方式，卻用不同的態度來應對外界狀況。
社團	類似「親戚」，但能量態度（E vs. I）相反。在相似的興趣上持有不同意見，小心妥協。

輔助	在不同的領域上表現出類似的專長，相輔相成。
謎題	互相難以理解，容易造成衝撞或失去互相瞭解的興趣。
認同	完全一模一樣的典型，互相認同。
鄰居	想法一致，但以不同的運作達到同樣的目標。
新奇	發現彼此很新鮮，互動具刺激性，模仿對方自己所沒有的長處。
伙伴	基本上具有相同的性格特質，只是表達能量不一樣，一個內向，一個外向。

	ENFJ	INFJ	ENFP	INFP	ENTJ	INTJ	ENTP	INTP	ESTJ	ISTJ	ESFJ	ISFJ	ESTP	ISTP	ESFP	ISFP
ENFJ	認同	伙伴	親戚	社團	同事	搭檔	互補	導師	謎題	新奇	鄰居	輔助	異族	對立	室友	戰友
INFJ	伙伴	認同	社團	親戚	搭檔	同事	導師	互補	新奇	謎題	輔助	鄰居	對立	異族	戰友	室友
ENFP	親戚	社團	認同	伙伴	互補	導師	同事	搭檔	異族	對立	室友	戰友	謎題	新奇	鄰居	輔助
INFP	社團	親戚	伙伴	認同	導師	互補	搭檔	同事	對立	異族	戰友	室友	新奇	謎題	輔助	鄰居
ENTJ	同事	搭檔	互補	導師	認同	伙伴	親戚	社團	鄰居	輔助	謎題	新奇	室友	戰友	異族	對立
INTJ	搭檔	同事	導師	互補	伙伴	認同	社團	親戚	輔助	鄰居	新奇	謎題	戰友	室友	對立	異族
ENTP	互補	導師	同事	搭檔	親戚	社團	認同	伙伴	室友	戰友	異族	對立	鄰居	輔助	謎題	新奇
INTP	導師	互補	搭檔	同事	社團	親戚	伙伴	認同	戰友	室友	對立	異族	輔助	鄰居	新奇	謎題
ESTJ	謎題	新奇	異族	對立	鄰居	輔助	室友	戰友	認同	伙伴	同事	搭檔	親戚	社團	互補	導師
ISTJ	新奇	謎題	對立	異族	輔助	鄰居	戰友	室友	伙伴	認同	搭檔	同事	社團	親戚	導師	互補
ESFJ	鄰居	輔助	室友	戰友	謎題	新奇	異族	對立	同事	搭檔	認同	伙伴	互補	導師	親戚	社團
ISFJ	輔助	鄰居	戰友	室友	新奇	謎題	對立	異族	搭檔	同事	伙伴	認同	導師	互補	社團	親戚
ESTP	異族	對立	謎題	新奇	室友	戰友	鄰居	輔助	親戚	社團	互補	導師	認同	伙伴	同事	搭檔
ISTP	對立	異族	新奇	謎題	戰友	室友	輔助	鄰居	社團	親戚	導師	互補	伙伴	認同	搭檔	同事
ESFP	室友	戰友	鄰居	輔助	異族	對立	謎題	新奇	互補	導師	親戚	社團	同事	搭檔	認同	伙伴
ISFP	戰友	室友	輔助	鄰居	對立	異族	新奇	謎題	導師	互補	社團	親戚	搭檔	同事	伙伴	認同

以伴侶來說，這16種關係裡面，「戰友」或者「社團」的組合很常見，顯示了人們容易被與自己在能量及反應態度上不相同的人所吸引，也就是外向（E）vs.內向（I），果斷（J）vs.適應（P）。

最能在日常生活上和諧共存且彼此欣賞的是「室友」的關係。但是跟「戰友」的關係很像的是，如果沒有建立共同的信仰或目標，他們之間缺乏共同長遠的價值觀將可能會是一個問題。

「導師」的關係是一種理想的伴侶配對。雖然其中的相處過程會遭遇一些不同的見解及需求，卻可以自行轉圜。長期以往，這樣的配對可以幫助彼此成長，激發潛能，更臻成熟。

更多關於不同性格之間該如何溝通、說服，避免衝突的祕訣，請參考作者的另一本書《見人說人話之超效溝通指南》。

走出愛情迷宮
Labyrinth of Loving Relationship

戴安娜王妃與查爾斯王子

1981年英國查爾斯王子與戴安娜王妃的世紀婚禮，全世界多少人關注著、羨慕著，好像看到童話故事裡的完美的結局，眞的相信灰姑娘搖身一變，從此可以過著幸福快樂的日子。

後來故事的發展與結局，不必我贅述，大家都很清楚。從喜劇到悲劇，眞實人生裡所發生的，竟比戲裡的還精彩。王子與公主之間的愛恨糾纏，究竟是怎麼一回事？

打從成爲公眾人物開始，戴安娜王妃就一直深受大眾的喜愛。她天性仁慈、親切、憐憫，在她身邊的人常常被她溫暖眞誠的個性所打動。爲什麼英國的民眾這麼愛戴她，甚至超過對伊利莎白二世女王？在他們眼中，戴安娜王妃才是一個眞正屬於人民的皇族。因爲她雖然貴爲王妃，又是個人人稱羨的美女，卻沒有一點架子，可以放下身段去關懷別人、親近別人、幫助別人。她對貧病疾苦的人特別有同情心，常常到第三世界的國家去親身探訪那些可憐的人，爲他們爭取福利。當她親切地伸手握住或擁抱那些有需要的人的時候，總是眞情流露。

除此之外，戴安娜是個對孩子非常慈愛的母親。然而同時她自己也是個非常缺乏且渴求愛的人。她很敏感、情緒起伏很大。當她與查爾斯王子的婚姻亮起紅燈，又與王室處不好，不能達到他們對她的期望時，她經常躲在家裡哭泣，不知道該如何處理自己的情緒，後來還患上了厭食症。當然，她對愛及被認可的強烈需求，還有她心理狀態的不穩定，主要是與早年她父母離異所帶給她的陰影有關。直到她脫離已經名存實亡的婚姻以及王室沉重的束縛，然後在1997年的車禍悲劇裡喪生，戴安娜王妃終其一生都在追尋自我價值，爲貧困疾苦的人代言，勇敢而眞誠。

戴安娜王妃屬於理想主義之下的哲學家型（INFP）的性格典型。

而查爾斯王子個性內向、保守、謹愼、沉穩，帶點憂鬱。他遵從社交禮儀及良知，他尊重人，雖然有點挑剔，當事情沒有按照他的想法做時他很容易失去耐性且沮喪。他對事情嚴謹，有時顯得不是很有自信心。他是一個會計型（ISTJ）的人。

他們兩人之間關係配對是「異族」，其中最重要的三個指標都是完全相反的，所以他們互相瞭解、摸索、配合的過程是非常辛苦的。屬於社群主義的查爾斯沒辦法瞭解並滿足戴安娜在精神層面上巨大的需求。他是一個中規中矩、略嫌古板的人，對凡事看得嚴謹且審愼，戴安娜的天眞浪漫，還有被愛的渴求，當他無法瞭解及處理的時候，對他來說就會變成一個過於沉重的負擔。加上皇室形象的特殊壓力，讓他們倆的婚姻之路格外艱辛。

郭靖與黃蓉

讓我們來看另一個愛情故事，是金庸小說裡比較美滿的一對——郭靖與黃蓉。

在金庸筆下，郭靖天性純厚、善良、待人眞誠，正直、仁愛、非常看重道德情義。他木訥中帶點固執，講究大是大非，可以因此而犧牲自己的利益。（爲了解救被蒙古軍屠殺的家鄉人民，他願意犧牲自己和黃蓉的感情，答應娶蒙古公主。）但是他做判斷時缺乏分析能力，沒有搞清楚事實眞相（誤以爲江南六怪是黃藥師所殺而急著要去報仇，讓黃蓉冒險去查出事實眞相，才得以解開父親與情人之間的誤解）。

而黃蓉則是刁蠻，精明、任性、自我，愛恨分明。同時她精通琴棋書畫等才藝。

很巧地，跟戴安娜王妃一樣，郭靖的性格典型也是哲學家型（INFP），都是溫厚悲憫、看重人性的價值的。而黃蓉則是挑戰型（ESTP）。在本書第一章裡曾經提到過這樣配對的例子（彼此之間的關係是「新奇」），那是在工作場合裡，挑戰型功利且突出的性格特質的確有時會讓敦厚的哲學家型難以接受。但這是一個愛情關係，從他們一認識開始，郭靖對黃蓉在感情上就給予很大的感動、灌溉，及正面的幫助。郭靖內向情感型的個性給她很多的溫暖及安全感，黃蓉從此一直是充滿感激且死心塌地跟著郭靖。她用她機智多巧的天分爲郭靖做了很多事，當然她也曾經因爲郭靖爲了俠義而犧牲她而傷心怨恨，但因爲黃蓉是個女人，雖然她是思考型的，仍然具有女人在對待感情上敏感的觸角與付出，她的努力讓他倆的關係有了善終。而她在長年與郭靖相處之後，性格也越來越成熟，越圓融。他們兩人很幸運地找到一個平衡點，有堅實的感情基礎，互補得很好。

然而，若性別對調，換成是一個挑戰型的男人和一個哲學家型的女人（如戴安娜王妃），也就是一個外向思考型的現實男性加上一個內向情感型的理想女性，情況可能就會不太一樣了。那是因爲男女在情感處理及需求天生就有性別上的差異，一般來說女人總是比男人更敏感，更需要情感上的體貼與確認，所以即使是屬於同一種思考型（T）的性格典型，女人還是比男人敏銳且多情。同樣地，即使同樣是屬於同一種情感型（F）的性格典型，男人還是會比女人多一份的理智與思考。因此思考型女人和情感型男人的組合，在這方面比較接近彼此的需求，不致造成在情感需求上的巨大反差。

所以，這種關係配對多少會因性別而有差異，尤其是應用在愛情關係上的時候。

社群主義者（SJ）

穩定、負責、忠實、顧家。社群主義者是最符合傳統家庭價值觀角色的：先生必定是老實可靠，妻子則是賢妻良母。他們是穩固社會及家庭的中堅份子。

他們到了該交友的年齡很自然就會開始留心或活動，這件事成為人生的階段性目標。他們追求伴侶多是先從團體或社交活動中開始的，他們很積極參與這類的活動，有時候不見得是因為他們眞的喜歡那些活動內容，而只是為了參與，為了讓自己有歸屬感。他們喜歡的約會方式也很傳統：女性喜歡收到花或小禮物，被男士接送，開車門，拉椅子；不喜歡對方遲到，甚至故意讓對方到了之後稍稍等一下。男性則是彬彬有禮的紳士，會事先計畫好行程，預約晚餐，很準時。

他們是不隨便的人，尊重傳統道德的教條及約束，尤其在異性面前，一定要表現出端莊的紳士淑女的形象。女性更是在這方面非常拘謹，遵守教條。這一族群的人在愛情關係裡會有耐性地等到熱情過去，得到長輩的認可，結婚絕不會是一時衝動或被沖昏了頭。

他們的謹愼與重視傳統在一開始可能會讓其他族群的約會者覺得很無趣，沒什麼吸引力。但當到了該認眞定下來，考慮結婚對象時，他們通常都是最受歡迎的人選。

一旦結婚了之後，維護一個家庭的責任及實際事務會占去他們大部分的心思，而不是停留在浪漫的約會時期。他們喜歡遵守慣例做事，例如去同樣的餐廳吃飯，每個週末固定要做什麼樣的家庭娛樂等等。他們會主動並樂意分擔家務，且帶著家人一起參加適合家庭的社交活動。

看重彼此家人的需要，喜歡大家庭的氣氛。對於家庭裡每個人的角色及定位分得清清楚楚，不容模糊或潛越。女性的社群主義者是最容易有「空巢期」失落感的。對男性來說，從職場上退休則是造成同樣的失落。他們很需要在一個團體裡定位自己的角色，一旦解散，就會失去方向及生活的目標。他們是那種會要求家人出門要常常保持電話聯繫的丈夫、妻子或父母。

社群主義者對一些傳統禮教的固執常造成他們和其他三種族群之間的衝突。然而他們卻也發現其他族群那些能夠忠於自我、追尋自我、反抗強權的特質會吸引他們，令他們羨慕。因爲天生會照顧別人或糾正別人，他們比較會嘮叨或批評家人。

■ 督察型（ESTJ）

看重家庭，帶來穩定及安全感。他們喜歡帶著伴侶一起參加社交活動，當他們高興時，可以很容易地給予對方認可及讚美。

在家裡什麼事都要管，而且總是覺得自己是對的。他們要求每個人都盡其本分及義務，長幼有序。家裡的東西都必須按照規矩擺在應放的地方，不得錯亂。他們掌管家中事務且分配角色及工作，信任每個人應憑其良心做事，井井有條。

■ 會計型（ISTJ）

對配偶來說，他們是可靠的肩膀，是力量的來源。他們對於伴侶非常忠誠，看重誓約，更是把家庭裡所擔負的角色及責任嚴肅以待。一諾千金，說到做到，忠誠到底。能把財務管得很好。

對他們來說，家就是責任，就是義務。若是男性的話，堅信自己是家裡的頭，應負起養活一家大小的所有責任。若是女性，則是穩定可靠的幫手。

因爲是思考型的，很容易忽略伴侶在感情上的需要。不善於給予讚美及認可，也不善於溝通。不介意有建設性的批評，但總想找出正確答案，所以很容易造成一定要分輸贏的局面。

■ 主人型（ESFJ）

有活力，受歡迎，很會關心照顧伴侶，以服務爲己任。

充滿慈愛且奉獻精神，可以陪伴侶一起走過高山低谷，攜手度過難關，即使在動盪不安中也致力要表現出快樂家庭的模範。

他們有很強的歸屬感，喜歡在家裡帶來社交或娛樂活動，以聯繫住整個家庭，希望能爲每個家庭成員帶來滿足、歡樂，與凝結力。在這方面他們是很重感情，甚至有點多愁善感的。

他們很在乎別人的看法，別人對他們的認可及賞識是很重要的，甚至包括社會地位的尋求。很難接受負面批評，並面對關係的結束。

■ 保護者型（ISFJ）

傳統、任勞任怨，關心照料，善於照顧家人每天生活的基本需要。

他們尋求長期穩定的關係，對伴侶的強烈感情都放在心裡，是生命的第一順位。一旦感情破裂，他們很難走出來，而且把錯都歸在自己身上。

無私地付出，把家人的需要放在自己的前面，因此容易被人利用，即使長期被輕忽也無怨無悔。

他們會打造出溫馨舒適、整潔高雅的家。若是女性，樂於成爲家庭主婦且全心付出，各式各樣的家務都盡心竭力，做得無可挑剔。若是男性，會主動幫忙家務，照顧花園、修理水電或管帳等維持家裡順利運作的細節。

現實主義者（SP）

樂觀、大方、有趣、有行動力，這些都是他們迷人的地方。

跟他們交往，有時會感覺像坐雲霄飛車一樣。他們屬於那種不安於室的人，對於刺激好玩的事物特別有竅門，他們在追求玩樂的事上是很有感染力的。

用語言來表達感情對他們來說是很不自然的，因爲過於抽象。他們是靠行動及物質來求愛的——樂意花大錢，用奢侈豪華的禮物或排場來取悅伴侶。因爲有很強的適應能力，他們可以像變色龍一樣，爲了對方的需要，在一開始求愛的過程中暫時改變自己的喜好及習慣，去討好對方。比如說在社群主義者面前表現得更認眞負責；在理想主義者面前表現得更追求靈性或文藝；在理性主義者面前表現得更有知識學問。他們並不是故意要假裝，而是天生就有這種隨著環境變化的靈巧的求生本事。雖然屬於另一族群的配偶一開始會覺得很不同，很有吸引力，但日子久了，卻無法維持長期的交流與滿足。因爲其他族群所看重的那些事，在現實主義者的眼裡，到頭來其實都沒那麼嚴肅或重要。

對他們來說，尋找一個能定下來一生之久的伴侶不是一件那麼重要的事。他們比較擅長在每一個關係裡盡情享受其美好之處，同時又保有自由，可進可退。所以他們很容易在感情的事上出現麻煩，輕易與人開始一段新鮮的感情，直到覺得成爲負擔或無趣了，就想抽身。而且他們不太願意去正視在關係裡所出現的問題，更不喜歡被人當面對質。他們的對策通常是裝作沒事，什麼也不回應，繼續關注其他更實際一點的事情。

雖然他們的確較不容易定下來，但是一旦決定了（天時、地利、人和），他們行動是很快的。因爲他們是會憑一時衝動做事的那種人，冗長或拖拖拉拉的感情對他們來說是無法忍受的。加上他們對於抽象的東西較難共鳴，像羅蜜歐與茱麗葉那樣唯美浪漫卻沒有實際成果的愛情對他們來說是緩慢且無趣的。談論婚嫁時，他們可以不顧傳統、宗教、禮俗等，越是大膽且新鮮有趣的方式，例如潛水結婚、跳傘結婚……等等，他們越是高興。

他們對於感官的刺激是很敏銳而且需要的。他們希望自己看起來很有吸引力，所以他們可能會勤於健身，保持好的身材，注重外表，目的是爲了讓自己引起別人的目光注意，讓人覺得他們是很性感的。

他們一開始是滿好相處的，雖然他們同時也很可能是脾氣不好的。他們在婚姻裡是大步向前，不是小心翼翼的。所以對於對方的負面批評他們不是那麼在意，但若伴侶是嘮嘮叨叨、愛吹毛求疵的話，你就會發現他們待在家裡時間是越來越少。

因爲樂趣是不可或缺的（這涉及到他們大方的花錢態度），所以錢是一個很容易引起配偶對他們不滿及爭執的議題。另一個會讓配偶抓狂的，就是他們對於有吸引力的異性情不自禁地會多看兩眼，他們的視線很容易被吸引，也可以很自然隨意地跟陌生人開玩笑或打情罵俏。

他們非常看重和同性朋友之間的交誼。他們很容易結交死黨之類的密友，可以花很多時間及金錢與之一起從事共同的興趣，甚至讓他們的伴侶覺得自己不如朋友重要。

■ 挑戰型（ESTP）

精力充沛，大方，任性、大膽，世俗，講求感官。

在追求的過程或有實質好處的情況下，他們可以輕易甜言蜜語，讓對方爲他們神魂顛倒。但在穩定關係中常忽略給予伴侶感激、支持與確認。在親密度上，肢體上的表達勝過語言的表達。

對他們而言，任何一種關係都是有條件的，都是以投資報酬率來計算的。長期來說，家庭不會是他們心中的第一順位。

■ 工匠型（ISTP）

因爲冷靜，看起來給人疏離的感覺。但可以對伴侶很大方，給予熱烈的注意力，而且喜歡用自己親手做出的精巧美麗的作品來送給對方。

他們是好的傾聽者，不會過多給予自己的意見。做決定的過程都是自己想，不會把想法敞露。因爲喜歡修理，所以當關係出現問題時，他們也會樂於去修補。但是一旦關係結束，他們也能很快地出來，不受到牽絆。

有時候他們可能因爲和好友相聚，享受共同興趣而完全忘記了家裡的事。他們需要有相當程度的自由來從事他們熱衷的活動，例如開飛機、賽車、衝浪等。所以身爲其伴侶要懂得把線放長一點，不要想把他們綁得緊緊的，這樣他們才會快樂。

■ 表演家型（ESFP）

是個有趣的伴侶，生活充滿興奮，但因爲過度的隨性及揮霍可能會帶來家庭財務上的緊張。

他們喜歡熱鬧，所以希望家裡常常有很多人，有聚會，有笑聲，玩得開心。常會因爲自己的隨性生活方式而不願去正視伴侶不滿的情緒。

不喜歡被對質，會逃避問題。說話直接，不拐彎抹角，有時會讓人覺得粗魯。很難客觀面對批評，脾氣一來的時候很大。

■ 藝術家型（ISFP）

雖然外表不輕易顯露，看起來好像把感情看得很淡，但其實內心很認眞，對於所愛的人非常關心，很能付出。他們不善於用語言溝通，而是用行動或感官來表達。

他們希望家能成爲一個避風港，是一個倚靠的地方。雖然也渴望自由，但會願意盡其家庭的責任，保持兩者的平衡，讓自己不會漫遊得太遠。

不喜歡面對衝突，會像鴕鳥一樣，選擇逃避。

理想主義者（NF）

溫柔，熱情，感性，對伴侶具奉獻精神。

顧名思義，這一族群的人在愛情關係上也是非常理想派的。跟其他三個族群比起來，他們顯得更爲天眞浪漫或不切實際。他們願意花時間去尋求一個他們理想中完美的另一半，所謂「一生的摯愛」。判斷型（教育家型及諮商師型）的人因此在愛情關係中有傾向會一直想要去改變他們的伴侶，或說幫助他變得更好，以期能達到自己的理想，或將之當作一個使命來完成。

在愛情關係裡他們是非常感性、熱情、充滿想像力，樂意奉獻的。在一開始交往、約會的時候，他們最喜歡做的事是「說話聊天」，比如說聊電影、音樂、小說、藝術、成長過程、家人、信仰、夢想等等。這是他們藉以表達自己且瞭解對方的最重要的方法，這比去某個地方遊樂對他們來說更有意義。

他們容易在愛情關係的一開始盲目地把對方理想化，忽略其缺點。不過還好因爲他們總是很認眞看待所進入的愛情關係，即使後來發現事實不如他們當初所夢想的，他們還是會繼續付出眞誠與關心，全力以赴，維持一個長久親密的關係。

因爲情緒的範圍很大，因此可能會造成伴侶的情緒負擔。他們可能在情感上過於依賴他們的伴侶，因爲需要較多的被認可、欣賞、及注意力。

他們不會很積極主動去尋找或追求對象，因爲他們很怕被拒絕。一旦分手或失戀，對他們來說傷害極大，需要花很久的時間才能恢復。也因此他們常會爲了避免分手而長期待在一個關係裡，即使有問題也久久不願斬斷。

他們無論在言語或非言語的情感表達上都很豐富且深刻，深情的言語及擁抱對他們來說是自然且必要的。他們對任何一種形式的美的事物有一種天生的鑑賞力，所以他們的生活也會充滿這種元素。

他們很關心別人，以此爲傲。當他們一旦涉入工作或朋友的人際關係裡，比如說花時間與精力幫助別人的時候，他們常常很難抽身出來，會覺得自己有責任幫助別人。這會讓家人覺得他們次序顚倒，好像寧可花大量時間在不相干的人身上，濫用同情心，卻把自己身邊最親近的人的需要擺在一旁，因而讓家人產生埋怨。

相對於社群主義者之重視儀式，理想主義者反而覺得婚禮及其準備過程是一個壓力，要在眾人面前公開宣示一個要維持一生之久的重大誓言，對他們而言需要審慎考慮清楚。這並不是因爲他們不願意踏入婚姻，相反地，正是因爲他們認爲那是非常重大且神聖的決定，不能等閒待之。

有趣的是，近代興起的倡導兩性平等（革命）的女性主義者，有很多都是這一族群之下的記者型的女性。一方面她們對於女性身爲弱勢團體感到有爲之代言的使命，一方面她們不願意被局限在傳統觀念賦予女性的價値，她們希望女性的獨特角色能夠被完整地接納，而不是被矮化。

■ 教育家型（ENFJ）

溫情付出，給予肯定，竭盡心力地想成爲對方最完美的伴侶。但有時會因爲對方不能同意自己的想法（目標）而過於激動或情緒化，或者對於伴侶的沒有進步感到失望。最好要學習給對方更大的空間及更多的時間去達到與你腳步一致。

他們很看重維持「關係的健康」。若是關係失敗，他們會自責，覺得自己可能還可以再做更多。但是他們也很容易走出來，不會停留在愛情的傷痛中去回頭看。

他們非常非常不喜歡看到家庭成員起衝突，那是他們最大的壓力來源，這種時候他們很容易放棄或妥協，只爲了終止衝突。這是他們必須學習更好去面對的。

■ 諮商師型（INFJ）

天性溫暖，情緒敏感，表達能力很好。對伴侶深情款款、非常體貼，是很好的聆聽者。他們樂於向伴侶直接表達他們的愛，也期望收到同樣的回報。

因爲敏感卻又內斂，有時候會讓對方不明所以，或覺得忽冷忽熱。他們表達感情的方式是很微妙的，帶點浪漫及詩意。若能多加控制敏感的情緒，保持穩定，會更容易維持且享受美好的關係。然而因爲太重感情，具奉獻精神，很容易陷在一個不好的關係中，情緒糾葛卻難以割捨。

對關係的期望過高，總是希望能達到更理想的境界。對自己及他人的期望都很高，有時會造成對方覺得自己還不夠好。但這表示他們的用心良苦及對關係的眞摯委身（commitment），其實是値得欣賞的，因爲這一點在其他的典型是很少看到的。

■ 記者型（ENFP）

熱情、溫暖、體貼，對伴侶來說，這一型的人非常有感染力，很大方，有同情心，雖然不見得知道如何安慰人。

他們對關係充滿理想性，想要營造維持正面的關係。如果出了問題，很難客觀抽離，覺得自己有責任，但又不喜歡承認瑕疵。他們也不喜歡面對衝突及批評，這對他們來說是很大的壓力，很快就放棄、妥協。

因為有很多靈感需要抒發，所以他們常常會給伴侶帶來驚喜。他們時而節儉，時而揮霍，似乎沒有一定標準。他們對於家務、管帳等家庭瑣事沒有興趣。

■ 哲學家型（INFP）

對愛情充滿理想且浪漫情懷，有時會和現實脫節。總是希望能找到或維持一個最好的關係。他們對於伴侶忠誠，有很深的認定及委身（commitment），所以即使偶爾有其他幻想，也會很快回到正軌。

他們通常會正面地在伴侶身上看到理想的特質，加以肯定，並且他們很能尊重且支持對方的看法及目標。不喜歡衝突，對另一半的感受很敏感，會盡量去讓他高興，雖然不太會公開或直接地表達自己的愛。在配偶關係裡屬於柔順的那一方，但缺乏自信。

由於對浪漫關係的理想化，造成與另一個人每天相處所要面對的現實層面有點難以調適。他們潛意識裡覺得幸福是需要付出代價的，對於維持幸福美滿的婚姻生活很小心翼翼，充滿危機意識地維護著。

理性主義者（NT）

誠實，光明正大，沒有占有慾。遇到問題時他們不會抱怨，會選擇坦誠溝通。

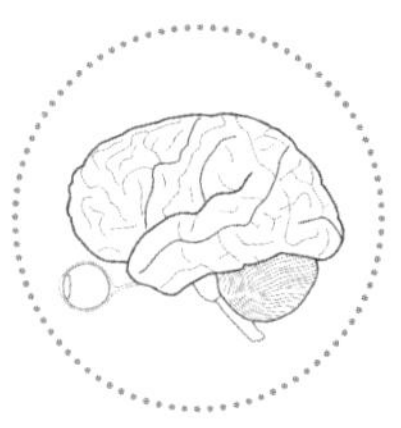

理性主義者其實是很不錯的婚姻伴侶，但是和他們建立羅曼蒂克的關係需要比較長久的時間及力氣，因為他們不輕易敞開自己，在感情上來說是很隱藏的。

他們不怎麼願意花時間在男女交往上。即使約會，他們有興趣談的話題大概也是比較嚴肅的、知識性的——他們在這方面大腦的處理速度要比處理社交關係來得快捷有效得多。他們不喜歡漫無目標地談戀愛，只會有非常少數的關係，進入關係之前他們會花長久時間仔細考慮，很少貿然決定。他們對於男女關係的投入及投資，取決於他們當初對這個關係所設定的目標及期望，因為他們是很務實的，做事都是經過審慎思考且求有效益。當他們一旦決定了共度一生的配偶，就幾乎不會改變心意。判斷型（將領型及軍師型）在尋找伴侶上比較積極且有系統，通常會有一張表列出他們尋找的伴侶所需具備的條件或特質，對於不符合的對象馬上就淘汰出局，一點也不猶豫。察覺型（發明家及學者型）則較為被動，傾向於只要碰到一個可以匹配的人，且對方對他也有興趣，就可以安頓下來，因為覺得這樣解決了一個問題，不用再花時間去尋覓。這兩種都有缺點——前者可能在列出資格時過於天真或出錯；後者則可能為了解決短期的目標而造成日後的問題。

跟理性主義者交往，不用期待會有什麼好玩有趣或者浪漫窩心的經驗。他們決不會跟現在的伴侶討論以前的男（女）朋友。他們不會把「我愛你」一直掛在嘴邊，因為他們做事講求效率——最少的力氣，最大的效益。沒有實際效益的事不需花時間一直重複去做。關於感情上的選擇，他們認定只要說過了，就是了。如果他改變心意，一定會立即告知的。所以只要他沒做另外的表態，就表示一切照舊。

對於伴侶及家庭所需，理性主義者其實並不是全然不知或忽略，但他們常常顯得沒有在關注，甚至漠然或沉默的樣子。他們的配偶一方面會希望多得到一些關注，一方面又不敢或不願一直做這樣的要求。其實不需要積怨，適度的提醒他們花多一點時間在家庭或孩子上是有用的。

因爲對自治性的需要很高，他們最受不了的是別人來管轄、嘮叨，告訴他們該怎麼做。同樣地，他們會受不了一個很依賴的伴侶。他們很快就會離開這樣的人，並且對他說：「除了你自己，沒有人能爲你的快樂負責。」因著同樣的原因，他們對別人（配偶及小孩）的行爲也很少干涉。身爲父母，他們很享受在一旁看著孩子漸漸成熟的過程。

他們喜歡和伴侶討論，甚至辯論一些天馬行空或理論性的想法，包括政治、經濟、歷史、科學或其他任何假設性的話題。他們從這樣的對話中得到很大的樂趣。一個可以與他們在這方面清談的對象會令他們感到愉快。

在物質方面，他們偶爾會欣賞且想要擁有完美精緻的有價品，例如稀有的名車或古董，但眞正最吸引他們的是不動產及實用的工具。他們很重視擁有自己的土地及房子，源於他們對於自治性及獨立性的需求。而擁有好的工具，則是因爲他們講求效率，認爲「工欲善其事，必先利其器。」

■ 將領型（ENTJ）

非常積極，甚至具侵略性，在愛情關係及家裡也要掌控一切，不容置疑，就像把家裡當成工作場所一樣來支配管理。他們對伴侶的要求極高，期待伴侶在做事情上非常熟練，有頭腦，有成就，不停學習成長。但同時又必須要能聽從他們，這變成一種兩難的要求。

他們是有創意的領導者，會不斷檢視環境，有新的想法，做些微調。如果他們覺得這個關係不能提供繼續成長的機會，就會毅然離開，不再回頭。

因爲他們通常在工作上表現很好，很成功，財務不錯，所以一般家庭常見的在經濟上的衝突對他們來說不會造成問題。但他們很多是工作狂，卻可能帶來另一個問題。

他們對伴侶的情緒不甚敏感，必須要有意識地花時間反省，才有可能發現並顧及。他們本身不是對感情依賴或需要很多肯定的人，所以會忽略伴侶在這方面的需要。衝突對他們來說是學習成長的一部分，他們的心態很正面。但對情感性（F）的伴侶來說可能不受歡迎，且是個壓力。

■ 軍師型（INTJ）

希望家庭和諧，但絕對不要一個只會順從的伴侶。

他們的生活基本上都在腦子裡運作。他們不斷觀察，得出新的理論，並且實驗改進。但很多時候他們所想出來的理論或方法比實際情況要純粹且完美，所以在面對感情的事上，常變成幻想及理論大過於其眞實性。

男女關係之間的追求對一般人說是很羅曼蒂克、充滿情趣的，但對這一型的人來說變成是他們的弱點，因爲他們對於擇偶的過程也是用理性來從事。他們用的是頭腦，而不是心。所以這一型的人，無論男女，都不善於表達自己的感情。他們對別人的感覺缺乏敏感度但又過於自信，相信自己想的是對的。所以容易造成愛情關係的判斷錯誤。他們不懂得支持伴侶在情感上的需要，過於專注在分析問題，而沒有顧及或處理情緒。而且他們對個人空間及隱私需求很高，不願意別人來分享、侵犯他們生活的每一個部分。

一般來說他們面對關係的態度是正面而健康的。一旦他們覺得不對勁，不必再繼續，可以出來得很快。

■ 發明家型（ENTP）

他們對愛情關係的目標就像是他們對於人生其他事情的目標一樣：進步、成長。他們總是不斷在想，要怎樣才能進步？這個關係要往哪裡去？我有進步嗎？他們會像做一個企劃案一般，爲了他們的目標找出新的點子或發現新的知識。他們在這方面是熱中且正面的。

他們需要一個能在心智上與他們匹配的伴侶，不然他們會覺得很提不起勁來。

他們最大的問題在於「雷聲大、雨點小」，或虎頭蛇尾。說的很多，不見得都去做到。

他們的家是充滿生趣的。他們喜歡大家群聚一堂，有歡笑，有幽默。有時候會因爲太過喜歡冒險而不自覺地讓家中的經濟遭受考驗。他們不喜歡規律的作息及家務，所以老是讓他們的配偶幫他們「擦屁股」，收拾善後。

■ 學者型（INTP）

他們的感情不外顯，很少說出來，旁人很難瞭解他們心裡到底感覺如何。但他們對與伴侶的關係其實滿認眞看待。

他們對伴侶關係很認眞忠誠，雖然常常心思被其他事情所占據，而忽略了一些重要的日子、聚會、社交禮儀等。他們不會喜歡在家裡舉辦社交性活動，寧可縮在自己的房間裡做從事自己有興趣的事。

他們性情溫和，很好相處，要求很少。他們不太會抱怨或發脾氣，除非是非常嚴重地侵犯到個人界線或原則。他們腦子裡想的事情很多很複雜，因此喜歡盡量把外界事情的複雜度降到最低。

他們是非常直接、誠實的。他們不善處理複雜的人際衝突。當他們對於伴侶的行爲不能理解時，他們會問其理由，要求伴侶給予解釋，或者加以分析。總之，他們凡事都需要找到理由及原因，這樣在他們的腦袋中才是合理、可瞭解的。

他們在關係裡最大的問題就是對於伴侶的情緒很遲鈍，瞭解緩慢。他們可以對於伴侶非常重視且深愛，但仍然不瞭解其情感上的需要。在伴侶眼裡，他們對家裡及感情看起來好像是不聞不問，沒什麼太大反應，其實是因爲他們所有的活動都停留在腦子裡。這是他們在愛情關係裡最常見到、也是最頭痛的問題。其實他們並不是沒有熱情，只是他們是放在頭腦裡，有想像力，卻無法將之帶出來到外在的實質世界。

不同族群的配對效應

一般來說，大部分的人都容易被具有不同特質的人吸引，然而完全相反的性格也會導致許多的誤解與摩擦。所以若能至少在某一項特質（功能）上具有相同的取向，同時又具有顯而易見的不同族群的特質，這樣彼此的相輔相成效果是較好的。

根據某些針對配偶關係的研究，四大族群的配對關係，以察覺方式（直覺或感官）相同卻隸屬不同族群，是最常見的配對。比如說，理想主義者（NF）和理性主義者（NT），同樣是以直覺抽象（N）為察覺方式，但一個是情感型（F），一個是思考型（T）；或者社群主義（SJ）者和現實主義者（SP），同樣是以具體感官（S）為察覺方式，但一個是判斷型（J），一個是察覺型（P）。這樣的組合似乎是最常見的，容易彼此吸引且運作得不錯。

接下來，讓我們看看各種配對所造成的不同效應。

■ 社群主義 vs. 社群主義

他們一開始的關係非常融洽和諧，彼此的個性及行爲都是很容易瞭解且可預測的。他們欣賞彼此對於家務的貢獻、責任感、對金錢保守穩定的態度、教養小孩的方向……等等。但他們會因爲在管理家務上各有自己的想法或不同的規定，堅持己見，而不斷踩到彼此的腳。更糟的是，兩個人都會覺得自己很對，都想要具有裁決力，進而彼此批評，惡性循環。

■ 現實主義 vs. 現實主義

現實主義者之間在一起可以共同分享許多美好的時光。他們住在同樣的世界裡，同樣感覺著在外界事物的刺激，說著同樣的語言，同樣有著像小孩子一般愛玩的天性。他們會是彼此最佳的玩伴，一起從事新鮮有趣的事。他們的問題是，他們往同一個方向前進的速度很快，卻也因此很容易就感到疲倦，然後失去興趣。他們的模式會像煙火一樣，產生爆炸性的火花，照亮天空，但是也迅速消失。

■ 理想主義 vs. 理想主義

這樣的伴侶非常談得來，能夠很深入地滿足彼此在精神上的需要。缺點是長期下來兩個人因爲同樣投入且奉獻在靈性或自我的追求，而使得某些觀點或生活方式過於狹隘且疲憊。而且彼此的界線容易模糊，失去個人的隱私空間，反而容易令彼此不安、窒息，或小題大作。

■ 理性主義 vs. 理性主義

兩個理性主義者的結合帶來深度的研究、理論及發明，但很可能因爲過於投入而導致彼此之間的競爭及批評。但其實他們之間最大的問題還不是這個，而是因爲他們都過於專注自己的想法，而忽略了對方，造成距離，感情很難被經營或維護。在這種配對裡，他們必須更加有意識地多從自己的世界裡跳出來，去彼此關懷，營造感情。

■ 社群主義 vs. 現實主義

這個互補的組合所產生的婚姻，令人意外地相當穩定。這兩個族群的人一樣把重心放在可掌握的實質事物，所以他們的家也是非常實際的。雖然他們非常互補的生活方式會讓人覺得他們所共築的配偶關係應該是困難重重的，然而就統計上來說，現實主義者選擇與社群主義者結婚的比例遠超過他們選擇其他族群。這其中有一個原因也可能是這兩個族群所占的人口比例（不管在哪一個國家）都是非常高的。社群主義及現實主義者通常各占30%-40%，所以這兩者加起來約佔總人口比例的四分之三。

對喜歡新奇且定不下來的現實主義者來說，社群主義者就像是他們的定點，他們的圓心，也像一個父母的角色，可以不時地讓他們撒嬌、獻寶，給予驚喜、帶來歡樂。

理論上來說，如果兩人的能量態度（外向E、內向I）和判斷功能（思考T、情感F）是相反的話，最有可能造成彼此幫補的配偶關係。例如，主人型（ESFJ）搭配工匠型（ISTP），保護者型（ISFJ）搭配挑戰型（ESTP），督察型（ESTJ）搭配藝術家型（ISFP），會計型（ISTJ）搭配表演家型（ESFP）。

■ 理想主義 vs. 理性主義

這兩種型的人若是先與其他感官型（社群主義者或現實主義者）交往過，再碰到彼此，感覺會像是有了革命性的發現。他們同樣具有抽象、直覺的察覺方式，對觀念、理論、系統、各種可能性的洞見，同樣著迷。他們都比較喜歡討論形而上的話題，一起用腦袋及心靈的眼睛來看事情。

對情緒容易波動的理想主義者來說，理性主義者冷靜自主的性格特質，令他們非常崇拜且想要學習模仿。然而理性主義者在感情上的隱藏及自我控制，對於渴望聽對方表達感情的理想主義者來說常常是很難容忍的，所以因爲這樣而造成的衝突屢見不鮮。

相對地，對理性主義者而言，理想主義者帶給他們的是熱情、溫暖的感覺，讓他們所活著的邏輯世界裡突然出現了個人化的意義，冒出了無可抗拒的火花。

當他們一旦能夠瞭解並接納彼此的不同之後，他們可以激發出彼此最好的潛能，相輔相成。尤其是如果兩人的能量態度（外向E、內向I）和反應態度（判斷J、察覺P）是相反的話，可以造成美好互補的配偶關係。比如說，教育家型（ENFJ）搭配學者型（INTP），諮商師型（INFJ）搭配發明家型（ENTP），記者型（ENFP）搭配軍師型（INTJ），哲學家型（INFP）搭配統領型（ENTJ）。

■ 社群主義 vs. 理想主義

這樣的組合在家中能造成一種穩定、安適的局面。社群主義者能瞭解並配合理想主義者對道德及是非對錯的準則，同時他們的腳踏實地提供理想主義者一種安定穩固的力量，而且他們都是注重和諧的人際關係的。然而社群主義欠缺在精神生活上能與理想主義者共享較深層的東西，而使理想主義者覺得失望，不被滿足。即使一開始社群主義者可能會嘗試多去涉獵並聆聽這方面的話題，進入其精神層面或想像空間，雖然努力，卻很容易因爲覺得不被對方欣賞，達不到對方的標準，最終轉變成抗拒，反而成爲一個戰場。

■ 現實主義 vs. 理想主義

理想主義者非常享受現實主義者的伴侶所帶給他們的新鮮的感受——自由奔放，在現實世界裡盡情流暢，隨性所致。他們羨慕現實主義者能那樣自在地享受每個當下，加上現實主義者在感官及性方面的大膽直接，能輕易點燃理想主義者浪漫情懷的火花。而且現實主義者可以輕鬆即時地處理理想主義者強烈的情緒而不受到太大困擾，這是其他族群較難做到的。相對來說，理想主義者豐富的靈性、熱誠、及個人倫理，也讓現實主義者感到與自己如此不同而受到吸引。然而對於理想主義者追求自我及人性價值的提升，現實主義者通常難以享有共同興趣。這些太過抽象且細微的關懷及要求，在現實主義者的眼裡顯得有點過於憤世嫉俗、空中樓閣、離現實生活太遙遠。

■ 社群主義 vs. 理性主義

社群主義者的悲觀傾向可以容忍其理性主義的配偶天生的懷疑論性格。還有，他們認眞負責的性格也使他們可以容忍理性主義者對工作的狂熱。相較於他們自己總是習於「看書照做，遵行前人腳步」，他們欽佩理性主義者的天才。然而，他們可能會感到自己被對方那種充滿知識能力的生活排除在外，甚至可以感覺到對方對於他們總是把精力放在每日的生活瑣事的不耐和輕蔑。的確，在所有族群中，理性主義者是最無法欣賞社群主義者這種生活照料的特長的。

社群主義者會擔心他們理性主義的配偶不夠注重社交或家庭生活的禮儀，而常常提醒他們，有時會讓對方感到太過囉嗦，而導致更加退縮，因爲理性主義者是非常需要自治權，不喜歡被人控制的。

對理性主義者來說，能否與配偶有相對等的智能上的匹配或對話其實並不是絕對重要，他們若是能在工作上找到這樣的同事或朋友可以和他們一起討論研究就夠了。他們只需要一個足夠的小社交圈，安定的家庭生活，就可以滿足了。

然而，這樣的配對有時仍是會讓雙方都覺得他們的關係中缺少了什麼連結。

■ 現實主義 vs. 理性主義

這兩種族群的人同樣都是不注重禮數與傳統的。理性主義者能欣賞對方好玩、即興、自發性的特性，讓現實主義者來幫助他們放手，大膽接觸一些他們從未玩過的東西，但是當然也不能太過頭，不然理性主義者還是會受不了的。

另一方面，理性主義者不勉強他人、不占有他人的性格讓現實主義者過得非常自在。現實主義者對於理性主義者喜愛工具，重視實用及功能性的特質完全沒有任何問題，而且他們對於其理性主義者配偶的各種理論覺得新奇有趣。還有理性主義者做事的方法及成就也令現實主義者欣賞。

但是現實主義者對於知識的追求沒有那麼強烈，有時候他們在這方面會對於其配偶過於投入而失去耐性。所以理性主義者的內在世界很難長久保持住現實主義者的注意力。

當兩人開始挑剔彼此時，現實主義者會嫌棄理性主義者過於冷靜疏離的生活方式；而理性主義者則會看不起對方追求物質享樂或感官刺激的需求。

接納孩子的天性

What is Predisposed in Your Child

聰明乖巧的小敏有個愛家的媽媽。媽媽雖然教育程度中等，但能力很強，把家務事打理得很有調理，忠心照料老公及孩子的身體健康，也留意教導孩子一些好的觀念及品格，從不吝於付出。

然而自從小敏有自己的想法開始，大約12歲左右，就展開了跟媽媽一輩子的戰爭，兩個人就像水跟火一樣，不能相容。

小敏從小在學校成績表現優異，雖然有點內向，交友並沒什麼問題。小時候媽媽喜歡帶她到處跑到處看，藉機教她人情世故，告訴她什麼場合該穿什麼衣服，說什麼話，做什麼事，去別人家裡作客一定要帶禮物才不顯得失禮……等等。一直到了小敏進入少女時期，媽媽還是會指示她該穿什麼衣服，逼她每天練琴，希望她能進音樂班，即使小敏一點也不想。她堅持不走音樂的路，且因此多次與媽媽激烈衝突，母女關係的裂痕越來越大。後來小敏上了頂尖的大學，讀的是理工科。就像個斷線的風箏一樣，成人後的小敏一心想逃離母親的掌控，越走越遠。母親越是希望她回家，越是給她意見（包括選擇工作，買房子，出國唸書，結婚交友），她就有衝動越往反方向去做。她做任何決定，不管有多重大，她都完全自己一個人決定，先斬後奏，根本不聽取父母的意見。

這麼多年來，小敏也不是沒有想過要改善和母親的關係，她曾試過想跟母親溝通，讓她明白她在想什麼，需要什麼，爲什麼這麼做。但每一次的努力都是徒然。她發現母親眞的聽不懂她在說什麼，仍然固執地要用舊有的方式來對待她，對她來說就像一種挾制一樣，令她無法呼吸。最後她還是放棄，逃得遠遠的。

小敏掌握自己的人生，非常獨立自理。但她和母親之間無法溝通，永遠達不到母親的期望，甚至變得像仇人一樣，成爲她一輩子無法解釋也無力改變的遺憾。

小敏的媽媽是個典型的ISFJ（保護者型），而小敏則是個少見的INTJ（軍師型）女孩。對照關係配對圖表，你就會發現這兩種性格彼此之間的關係是「謎題」。保護者型的媽媽對孩子有合乎社會典範的期待，凡事按照規矩，一心想教孩子照她自認爲正確的辦法而行。這樣盡責的媽媽如果碰到其他典型的孩子，不一定會被拒絕，甚至可能相處融洽，相得益彰。但偏偏軍師型的小敏是個極需自主空間的理性主義者，她凡事自有定見，而且非常有自信，不喜歡人家管。當社群主義所看重的這些禮數跟教條，被以父母的身分強壓在小敏身上的時候，對她來說就被解讀成是一種控制狂。

可惜小敏的媽媽一直沒能瞭解到女兒具有和她非常不同的性格特質，女兒對於自主權的強烈需要遠大過一般其他性格的孩子。她不能瞭解爲什麼自己的用心良苦竟被當成惡意的掌控，也始終沒有學會欣賞女兒天生和她截然不同的思考方式及處理事情的能力。她們之於彼此，眞的就像是一道難解的謎題一樣。

人的性格究竟是天生還是後天造成？

一般來說，我們可以將一個人的個性（personality）分爲兩部分：一部分是天生的氣質與性情（temperament），這決定了我們生下來時所被賦予的個人的獨特性；另一部分則是後天塑造、發展出來的（development），來自我們的成長環境、家庭、教育、工作及人生經驗等等。當我們看一個人時，看到的是他整個人，是結合兩者所表現出來的。根據許多現代學者的研究及觀察，發現人們天生的特質是很具關鍵性的，是最能分辨、造就我們眞正的獨特性的。

我認爲我們天生的性格就像是一個房子的地基，或模特兒的骨架，無論外表最終如何打扮，核心的那個部分是與生俱來的，是已經大致決定的。一般來說，一個人的性格輪廓超過一半來自這天生的性格，其餘的才是來自教導及經驗（成長過程及人生歷練中不斷的學習）。當孩子在成長過程中，給予其在社會環境中正確的價値觀，教導他們與人應對的模式及情緒管理能力是很重要，可以幫助他們改進一些原來天生性格的不足。但同時你會發現，有些孩子即使不用教，他們在某些能力，如社交能力或歸納判斷的能力，自然就比其他小孩突出。有兩個以上小孩的父母都知道，同樣的父母所生，同樣的環境，同樣的教養，孩子卻是從很小的時候就可以明顯看出其性格及天賦上的差異。

然而在一些例子我們也可以看到，文化、家庭、及教育都可能造成對個人強烈的制約而改變其原本的傾向。在這種情況下，已被制約的這個人會對於自己是個什麼樣的人有偏差的認知。他的意識會覺得（或被告知）自己「應該」成爲什麼樣的人，而忽略或潛意識地壓制自己原本天生的傾向。這種人到了某個人生階段往往會開始強烈感受到內在的衝突及困惑，不知道自己究竟是什麼樣的人。尤其因爲長期不能作眞正的自己，這種巨大的壓力會讓他不能順利地發展自己原本的性格特質，導致人生許多充滿矛盾的決定或不快樂。

當孩子出生時，上帝已經賦予每個人一個屬於他自己的獨特的性質，那個雕塑品的雛形已經大至有個樣子了。在爾後的人生歲月裡，他們所經驗到的每一件事都在一點一滴地把那些稜角更精細地加以突出或磨平，在原有的模型上，漸漸發展不同的角度及長度。所以在小孩成長的過程中，我們一方面要去瞭解並接納孩子與生俱來的氣質與特性，另一方面給予適度的引導，利用那仍然可能雕塑的一點空間加以截長補短。這樣的孩子成人後較能循著自然的途徑成熟，有個圓融的人生。

那麼小孩從幾歲開始可以看出其性格呢？其實從他們開始會與人互動（學齡前）即可看出端倪。但因爲小孩畢竟還是小孩，他們比較情緒化，比較自我中心，比較好奇愛玩。所以在觀察推斷小孩的性格時，一定要把這些因素考慮進去，不能完全用大人的行爲模式及期待來評價。

爲了幫助學生了解自己的性向、選擇科系及未來的工作，很多學校（高中及大學）會使用一些工具幫學生做性向測驗。以MBTI®來說，14歲是可以接受性格測驗的最低年紀。這個年紀的孩子天生的性格傾向已大至定型，但因爲他們尚未成人，對工作及社會情況還是很懵懂，尚未有機會做什麼重大決定，所以在作答這套系統時，可能會遭遇一些不能理解的情況。但身爲父母或親近的師長，應可以從日常生活的互動及觀察中，八九不離十地猜測出來。

瞭解這樣的小孩

■ 社群主義者的小孩

社群主義者的小孩守規矩，會自動收拾玩具、幫忙做家事，想要討好父母老師，甚至有時候會擔心自己沒有盡到責任。對這種小孩，父母沒有必要去強加他們所沒有的能力（如其他三種族群的強項）在他們身上，因爲他們會試著活在別人的期望中而覺得自己是個失敗者。他們是戀家的人，熟悉的家庭氣氛及安全感對他們很重要。在學校裡，他們是很合群的小孩，喜歡屬於某個團體並參與貢獻。他們對於自己是個能被人信任、託付的可靠對象感到自豪。規律的生活及清楚的做事法則會讓他們表現得很好，凡事希望準備周全，反之則會讓他們感到焦慮。所以他們有傾向會過於憂慮，甚至悲觀，即使不表現出來，而是放在心裡。一旦發生事情時，他們有堅強的意志力可以撐到最後，自我控制能力較好。

■ 現實主義者的小孩

現實主義者的小孩對於興奮好玩的事很快就雀躍振奮不已，只要有機會，他們會很快地（衝動地）採取行動。但事情一旦失去新鮮感，也很快就感到厭倦無聊。他們很自然地會在手工、藝術、或競爭性的運動上嶄露頭角，至於學術上的成績，可以等晚一點當他們的智能開竅得更成熟之後再來要求（對這類型的小孩最好不要在課業上的表現期望太高或斤斤計較）。他們的適應能力很好，對自己也滿有自信心，尤其是在體能、娛樂、手工、創意方面，但有時可能顯得不是很守規矩。

■ 理想主義者的小孩

理想主義的小孩最明顯的就是他們語言的表達能力很好，甚至是很多話的。還有他們的情緒（高低起伏）很容易表現出來。他們偶爾可能會因挫折而產生極度憤怒（當事情不如他們理想的情況時），但通常說來他們是很討人喜歡，很迷人，很有個性的小孩。他們對於玩角色扮演，例如辦家家酒，當老師，當醫生等的遊戲很有興趣，因爲他們天生對「人」有興趣。他們的自我形象通常是由他們和別人之間的關係來決定。

他們喜歡被大人稱讚，渴望被看重，被認可。從很小他們就展現出獨特的能力，可以與所愛的家人朋友之間建立起深具同理心的友好關係。他們對人的感覺是極度敏感的，別人受苦他們也受苦，別人快樂他們也快樂，家庭成員之間的和諧氣氛對他們來說非常重要。若是不幸地家庭功能出了問題，這種小孩也會跟著出問題。在很多爭吵衝突環境下長大的小孩，會變得很退縮，缺乏安全感及自衛的能力。尤其當父母雙方關係撕裂，讓小孩覺得必須選擇一方而站時，他們會想贏得某方的勝利但同時因此而覺得有罪惡感。不好的父母關係對於這種小孩的負面影響力遠大過其他三種族群的小孩。

■ 理性主義者的小孩

理性主義者的小孩從小就自己自足，要求不多，甚至會讓他們的父母感到迷惑，好像有點若即若離。他們很能控制自己的情緒，下意識地認爲這種東西應該保留給自己去消化即可，無須表達出來。

因爲人口比例較少，這種小孩通常很少在生活中碰到跟他們同一族群的大人爲榜樣（role model），這是很可惜的事。他們最好的父母會是現實主義者，因爲他們可以提供實用技能上的指導，而且給予充分的自由。社群主義者的父母常常會讓這種小孩很失望，他們也不會甘心聽命於老是叫他們花時間去清理房間或參加家族社團活動。這一類型的小孩通常會喜歡收集一些奇怪的小玩意，喜歡讀書，或想要自己研究機械裝置，玩樂高積木，稍大後也許對化學實驗或電器有興趣。他們熱衷於研究、改進或建造產品。理性主義者的小孩不喜歡別人來管轄他們，包括體罰也被他們視爲嚴重的人身侵犯，他們是非常需要被尊重的。他們的自信心完全跟他們所解決的事情是否被證明正確及有效相關，這種事對於其他三種族群的小孩來說是完全不放在心上的。

瞭解這樣的父母

■ 社群主義者的父母

社群主義者的父母最關心的是他們的小孩在社交活動上的表現。他們看重教導小孩成爲守法有禮的好公民（例如童子軍）。他們要求小孩凡事盡力，負責任，盡本分。

・督察型（ESTJ）

對身爲父母的角色很認眞，教導孩子要尊重父母、長輩，期待孩子有責任感，盡義務。無法忍受家裡紊亂失序，容易失去耐性。因爲他們很務實，對於太過有創意、有想像力的孩子難以瞭解且支持。會留意對孩子們具有特別意義的日子，不會錯過。對小孩子的教養非常看重且看管嚴格，所以通常他們的小孩都很有禮貌，認眞做事。當孩子越大，他們越會謹愼不讓他們有行爲偏差或過度的個人主義。

・會計型（ISTJ）

對小孩的教養堅定且一致。規矩定得很清楚，要求尊重權威，賞罰分明。叛逆或不守規矩的孩子碰到這種父母會很慘，導致嚴重衝突。他們會有耐性地教孩子從最基本的家事開始做，分擔家務，並期待他們像自己在工作上一樣認眞負責，順服乖巧。但很可能忽略花時間陪孩子玩耍，享受樂趣，不知如何給小孩讚美或支持。他們教導孩子的目標就是讓他們將來在社會上成爲一個堅守崗位的好公民。

・主人型（ESFJ）

以服務爲導向，他們特別關心的是孩子的飲食起居、身體健康，志在提供他們一個舒適快樂的生活環境。他們對孩子有掌控的傾向，期待孩子聽話，尊榮父母。當孩子受委屈時，他們也會適時爲孩子出頭。

他們以孩子的成功及失敗來衡量自己作爲父母的成功或失敗。他們把孩子當成家庭的延伸，孩子的成就是他們的驕傲，孩子若表現得沒有教養或不知感恩，他們會覺得困窘、挫折、沒有面子，轉而批評孩子。他們傾向於用造成孩子的罪惡感來操弄他們。他們的孩子通常到了某種年紀都會開始叛逆，如果父母繼續使用以上的作法會導致更糟的情況。

・保護者型（ISFJ）

父母的角色對他們來說是再自然不過的了。他們是親切，好說話的父母。他們致力於教導孩子遵守社會的常規，甚至成爲模範。他們很容易爲孩子操煩，對孩子有保護過度的傾向，不會適度給與挑戰或處罰。尤其是作母親的，需要學習讓孩子有機會從錯誤跌倒中站起來，培養孩子的獨立性，不需要時時刻刻或每件事都牽著他們的手。他們無法忍受看到孩子被遇到的問題所困，總想替他們解決。這一型的父母對孩子有一點性別差異，對兒子稍微能容忍放縱，但對女兒則要求遵循傳統，在適當的年紀做該做的事。

➪ 社群主義者的父母 ＋ 社群主義者的小孩：

同樣看重權柄及規矩，這樣的組合顯然是非常相容。但缺點是過於謹慎或嚴格的父母可能會更加強孩子的憂慮及缺乏自信，使他們難以無憂無慮地度過童年，且太過壓抑。

➪ 社群主義者的父母 ＋ 現實主義者的小孩：

這種組合很常見。通常在小孩還小的時候他們處得還算可以，父母的容忍度較高，但等孩子較大，到了青少年階段，局面可能會急轉直下。最主要是因爲父母發現他們對孩子的控制力及影響力大爲減弱，責罵與衝突於焉產生。頑逆的孩子甚至有可能會記恨或報復。父母應該學習多尊重並支持孩子的興趣，讓他們在屬於自己專長（雖然非父母的期待）的領域上發光。

➪ 社群主義者的父母 ＋ 理想主義者的小孩：

理想主義者的小孩因爲尊重良知道德原則而且在乎別人的感受，所以社群主義者的父母和他們相處通常不會有什麼明顯的問題。但是很少父母會發現此類小孩對於他們很多嚴謹的規條及訓誡，在內心裡是其實很不贊同或不接受的。理想主義的孩子通常自然就會是好學生，好孩子，因爲他們內心天生就有渴望要成爲「真的，善的，美的」。但是父母過多無謂的要求會讓他們覺得不被信任。常常會發生的狀況是，社群主義者的父母自以爲是因著自己的管教有方，所以孩子有好行爲或好表現。但其實理想主義者的小孩天生就是這樣的孩子，並不是被父母要求而成的。所以這種情況下的父母要有自知之明，免得激怒了孩子，造成反效果，他們會跟你保持距離。

⇨ 社群主義者的父母 ＋ 理性主義者的小孩：

父母會非常欣賞小孩做事的認眞及追求成就的意志力。只要父母能給予孩子充足的自治權及獨立空間，就可以相安無事。最怕的是父母過度的訓誡或懲罰，或過多的干預孩子的生活，強迫順從。結果是導致孩子對父母的輕視。理性主義者的小孩做任何事都需要知道理由，爲什麼他們必需要這樣做，而不是單單服從權柄，而且他們要有選擇的自由。面對不合理且嚴格的強權，察覺型（發明家或學者型）的小孩還可以勉強應付過去，但是判斷型（將領型及軍師型）的小孩是會硬碰硬，不惜嚴重的衝突，甚至導致永久的決裂或疏離。此時另一型的父母（最好是現實主義者）則扮演很重要的制衡角色。

■ 現實主義者的父母

這一族群的父母對於小孩是比較放得了手的，他們對孩子的行爲允許度較大，甚至有時候可能會有溺愛的傾向。他們認爲失敗爲成功之母，所以讓小孩不斷地嘗試及失敗並不足爲奇。他們不願意去強行糾正小孩以免喪失其創造力。

・挑戰型（ESTP）

他們是很有活力且即興的父母，可以像小孩子一樣享受小孩的世界，跟他們一起教學相長。他們會爲孩子舉辦豪華的生日宴會，不缺玩具及各樣有趣的東西。他們會帶孩子參加具競爭性的運動項目，而且玩得很認眞，勢在必得。他們以孩子能在有挑戰性甚至危險性的活動中露出一手爲榮，而且自己也親身參與。他們無法容忍孩子膽怯退縮，或顯出軟弱的一面。

・工匠型（ISTP）

他們不喜歡被控制，所以也不會去控制孩子。對待孩子就像老熟的伙伴一樣，不分大小，很有彈性，很放鬆。他們會有耐性地教孩子使用某些他們自己擅長的工具，或帶他們去一起從事休閒活動。但其他時候則會保持一些距離，有時候會忽略了孩子的需要。

・表演家型（ESFP）

對待孩子友善大方，像朋友一樣親切且平易近人，隨他們起舞。但不要期待他們在其他方面會有什麼有意義的教導或嚴肅的溝通或付出，因爲他們對待事物就是一派輕鬆樂觀，甚至有時讓人覺得有點吊兒郎當。

・藝術家型（ISFP）

他們享受父母的角色，而且以此爲慰藉。他們對小小孩特別有親和力，因爲在他們自己內心就有一個永遠長不大的小孩。身爲父母，他們對孩子是比較平易、放鬆，不那麼嚴謹的，所以對於教導孩子紀律很有問題。他們愛的語言是服務，用做事來證明。對家人來說，他們是好的同伴，雖然不是那麼容易瞭解及親近。他們是那種可以讓孩子自由發展的父母。和同一族群之下的其他典型一樣，他們渴望自由，但相對來說他們願意暫時放下犧牲自己想追求的，爲了維持家庭的完整。一旦孩子長大了，他們很可能就會躲到山裡面去畫畫。

➪ 現實主義者的父母 ＋ 社群主義者的小孩：

父母可以很輕鬆自如地培養小孩在運動及其他才藝方面的興趣，對於天生較爲嚴肅或拘謹的小孩來說，他們給予良好的示範如何去活在當下。但同時他們也可能因爲孩子過於保守或謹愼的態度而感到生氣，明顯表達其不滿或失望，而對孩子造成壓力，覺得自己是個失敗者，造成反效果。若另一個父母是不同的類型，應當可以看出其中問題且出面協調。

➪ 現實主義者的父母 ＋ 現實主義者的小孩：

不需要對小孩再開導或鼓勵更多的自由及大膽作風，他們自然會在各種才能上顯露出靈巧的、原創性的手藝及天分。反而應該擔心的是父母未能提供足夠的管教及立定界線，讓小孩清楚知道什麼能做，什麼不能做。這種組合下應注意的是小孩可能被放縱，或過於衝動，不順服權柄，常常遊走在界線及危險的邊緣。

➪ 現實主義者的父母 ＋ 理想主義者的小孩：

彼此之間雖然有點難以互相瞭解，但現實主義者的父母可以幫助理想主義者的小孩從過於抽象及自我想像的世界中回到現實，提供他們對事物更加實際的認知。當然，父母可能會不太能瞭解且重視小孩對於某些價值的堅持或靈性的追求，認爲他們過於不切實際，活在雲端。現實主義者父母親切實在及充滿樂趣的生活方式可以讓孩子學習到另一種生活的面向。

➪ 現實主義者的父母 ＋ 理性主義者的小孩：

這是一個滿好的組合。因爲理性主義者的小孩需要極大的自主性，喜歡學習，喜歡做實驗，而現實主義者父母的放手程度恰好可以給他們很大的空間。而且這兩類的共通特性是都非常看重事物的功能性及實用價值，雖然他們所根據的理由不盡相同（父母有時會搞不懂孩子對於邏輯合理性的執著）。這種父母可以幫助孩子適度地放下書本或鑽研的東西，參與並享受其他有趣的活動。

■ 理想主義者的父母

理想主義者的父母是很強調關係的，他們希望能親密地親身參與小孩的生活及成長。他們在肢體上與小孩很多接觸與互動，如擁抱、拍肩等，但更重要的是他們非常看重與孩子之間建立情感上的連結，幫助孩子建立正面的自我形象。他們會不厭其煩地唸很多具有寓意的故事或童話給孩子聽，期盼對他們的心靈成長有益。當孩子傷心時，他們會很有耐性地聆聽，把他們當成被輔導的對象或病人。在家裡他們極力維持每個成員之間的和諧相愛的關係，不容許兄弟姊妹之間有爭鬥或仇視。他們對孩子的愛可以說是不遺餘力、無遠弗屆，再大的困難都會因著他們的積極與奉獻而被克服。他們一直注意孩子在各方面的發展，希望能引導他們到更好的方向。這是出於好的意圖，但若期望過高可能造成對孩子的壓力。

‧教育家型（ENFJ）

強調維持一個和諧的家庭環境，嚴肅看待父母的角色。他們非常重視教導小孩正確的價值觀及好行爲，而且致力於做一個良好典範。對子女感情深厚，支持，有引導力，不會作威作福。對孩子有很高的期望，又很有行動力，總是在監督著他們的進步，確信他們每一步都走得對，所以極易變得掌控過度。雖然出發點是好的，但是過於主觀且強制性。身爲他們的子女不是很容易，甚至會有窒息的感覺。尤其到了青春期就更嚴重，他們的孩子可能意識到父母這種天賦異稟的人際技巧原來是一種厲害的操控，就會變得憎恨而且反叛。所以這一型的父母應該自我提醒，多給他們的孩子信任及自由的空間，適度地放鬆尺度，給予隱私。

‧諮商師型（INFJ）

把父母的角色看得非常神聖，對子女具犧牲奉獻的精神，充滿關切、慈愛，與激勵。這一型的父母對生活紀律的教導非常堅定，對小孩身、心、靈的健全及平衡發展要求很高。

他們教養小孩的目標是教會他們判別是非對錯，能夠獨立、成熟。他們認眞灌輸子女正確的價值觀，有時會對孩子期望太高，過於執著，而造成壓力。

・記者型（ENFP）

是個認眞又愛玩的父母。對待子女的方式變幻莫測，有時候可以跟他們嘻笑玩鬧，有時候又充滿權威。嘴巴上會說出一些對紀律的要求，但常常無法執行具嚴重後果的聲明，因爲怕會影響跟孩子之間的和睦，而將這個燙手山芋留給另一半去處理。他們希望能作孩子的好朋友，同時也是很有創意，生氣蓬勃的父母。他們可以帶給孩子許多有趣的經驗，也會給予孩子足夠空間及認可。他們不太知道該如何教導小孩規矩，對於哭鬧難纏的小孩很容易失去耐性而發脾氣。

・哲學家型（INFP）

作父母對他們來說是天性的一部分，他們很享受這個角色，將之當作自己價值觀的一種延續。對孩子溫暖、隨和、有耐性，給予肯定，充滿慈愛且奉獻自我。家庭對於他們來說就像是一個需要被保衛的城堡。他們看重小孩的福祉，充滿同情心和適應力。他們對於每日的生活作息很有彈性，沒什麼太多意見。在做決定時很尊重小孩的想法，不喜歡懲罰小孩，除非是嚴重抵觸其價值觀。

⇨ 理想主義者的父母 ＋ 社群主義者的小孩：

社群主義者的小孩不像其他族群的小孩在很小的時候就能外顯其特長。在早期，比較容易看出的是他們所缺乏的：沒那麼大的膽識；不喜歡適應新的環境或學新的東西；沒那麼自然地充滿新奇歡愉。這對於一直用心在尋找孩子特質的理想主義父母來說有點困擾，然後可能會會錯意地以為孩子跟他們是一樣的。他們之間最大的問題會在於小孩努力要活出父母的期待，直到父母終於能認出原來孩子是屬於認真務實的人，並不像他們所以為的跟自己一樣浪漫或具有人文情懷，然後放手不再對他們有不切實際的要求或期待。

⇨ 理想主義者的父母 ＋ 現實主義者的小孩：

現實主義者的小孩有活力、有行動力，但理想主義者的父母會覺得奇怪他們竟然不像自己一樣真誠且在乎建立深厚的友誼。他們對於小孩在某些層面上的虛浮及短淺感到失望。最好是及早放棄這種心態，轉而欣賞其靈巧的手藝及樂觀大方的天性。

⇨ 理想主義者的父母 ＋ 理想主義者的小孩：

這樣的組合為理想主義者父母提供了最佳的培養土壤——具有同理心的自我形象；能照顧他人需要的自我尊重；標榜真誠與正直的自信心。他們彼此之間互相瞭解，互相支持。問題會發生在當他們各自與其他人的關係影響到親子之間的關係時，就會變得緊張多刺。

⇨ 理想主義者的父母 ＋ 理性主義者的小孩：

事實證明這種組合可以形成非常堅實美好的親子關係。不管如何，理想主義者的父母本身對小孩就是非常盡心的，他們對小孩積極的鼓勵及栽培，會讓理性主義者小孩的潛能得以擴充。然而有時父母會因為孩子無情的實用主義及冷靜的獨立性而感到驚愕失望。畢竟這種孩子不像理想主義的父母那樣看重人的感受，亦不能瞭解他們對溫情的渴求。此時有賴父母迅速瞭解並接納孩子天生的性格，欣賞他們的聰敏及理性的優點。

■ 理性主義者的父母

理性主義者同時也是標準的個人主義者，身爲父母，他們絕對不會把自己的想法或信仰強行加諸於孩子身上。對他們來說，重要的是看到孩子逐漸地成熟、獨立，能自己照顧自己，不需仰賴別人而活。他們尊重孩子，把他們當成有自主性的個體來對待，給予他們像大人般的特權，不願意干預孩子自由的發展或改變他們的行爲。當孩子有需要的時候，他們會堅定地幫助孩子發揮他們的潛能；若孩子濫用被賦予的特權，他們不會嘮叨或論斷，很簡單，就是將特權收回，黑白分明。

判斷型（將領型及軍師型）的父母會很有計畫地爲身爲父母做好準備，閱讀許多相關書報雜誌，他們管理家庭就像管理公司一樣。

察覺型（發明家型或學者型）的父母則傾向於嘗試以問問題的方式去瞭解各種情況，然後再做應付及處理。他們是所有典型當中最不會對小孩有期望的，他們只求小孩學會知道自己在做什麼。他們認爲身爲父母最大的任務就是幫助孩子成長，無論中間過程如何，長遠來看一定都會是好的。

・將領型（ENTJ）

認眞對待父母的角色，對子女要求嚴格，認爲把自己的價値觀及目標傳承給孩子是必要的。他們希望孩子不斷地學習發展，並提供他們機會，尤其是在知識上的。他們對孩子全權掌控，會讓孩子們清楚知道他們期望的是什麼，若孩子不能遵從，他們不會發飆或製造難堪，而會用理性的方式跟孩子說清楚，確保讓他們知道究竟是誰在掌權，讓孩子知道他們應該怎麼做，否則會有什麼後果。大部分的孩子都會很敬畏這樣的父母。

這種父母容易忽略孩子在情感上的需要，而讓孩子變得壓抑。孩子到了青少年時期叛逆的機會很高。

・軍師型（INTJ）

這一型的父母把建立孩子的能力看得很重要，像是他們一手打造的計畫或產品一樣。他們主要目標是把孩子教得聰明獨立。他們忠於提供孩子成長所需要的，而且緣於他們本身獨立的特性，他們鼓勵子女自己做決定，選擇方向，自由發展。但同時他們也會設立界線，有一定的原則。他們容易忽略孩子在情感上的需要及溫暖的支持。

・發明家型（ENTP）

因爲本身興趣廣泛，涉獵豐富，這種父母希望帶給孩子的是用有趣的方式學習並經驗各樣事物，並讓他們自己去思考。但是他們並不是好老師，不知道如何引導，所以無法眞的爲子女在這方面帶來實質的幫助。他們給予小孩的注意力也是時好時壞，沒有一定，要看他們自己是不是被外界新奇有趣的事物所吸引。通常只有很重要的關鍵時刻他們才會刻意保留時間與子女相處。他們不太花力氣在小孩的每天事物或管教上，而把這些責任都留給配偶去做。

・學者型（INTP）

對子女的教養認眞，希望能把寶貴的知識傳給下一代。他們對待每一個孩子都是平等的，把他們當成有理性的個人，給予其尊重及自治權。他們絕不會把自己的期望放在孩子身上，也從不會在實際上或言語上攻擊、損傷小孩。他們最看重的是孩子應該培養責任感，自己管理自己的生活且能照顧自己，除此之外，他們大多很彈性。有必要的時候他們會在安全範圍之內，或是發明一套有因果邏輯的辦法，讓小孩承受他們自己行爲所造成的後果，好讓他們學習教訓。雖然很關心孩子，但因爲本身對情緒不敏感，他們容易忽略孩子所需要的注意力及情感需求。

⇨ 理性主義者的父母 ＋ 社群主義者的小孩：

這種組合時常會讓父母感到挫折且不知如何是好——他們不知道該怎麼做才能幫助孩子更聰明，更獨立，更多學習知識，因爲這些都不是社群主義者小孩天生的興趣。實際上，父母可能會因爲孩子過於關注社交生活而感到困擾。這種孩子們在乎的是加入團體、與人共事，在父母的眼中會認爲他們過於附從別人。而且他們對於這種孩子極需安全感，大事小事都要來報告，感到不解及失望。若家裡有其他的兄弟姊妹屬於不同的族群類別，父母不免會將之比較，希望他能擁有其他人的那些優點。然而即使這樣，社群主義小孩還是盡其所能地藉著做更多家事及守規矩來想要討好不能瞭解他們的父母。在這種組合下，理性主義的父母也許應該退到一邊去，讓另一個不同性格的父母來主導會比較好。

⇨ 理性主義者的父母 ＋ 現實主義者的小孩：

理性主義者的父母對於監護衝動好玩的小孩，爲他們設立界線、看著他們成熟，可以做得很好。尤其這種父母最擅長的「承擔自己行爲所導致的後果」的因果效應的管教方式，在這種小孩身上最可以看到明顯的效果。孩子很快就學會如何在界線之內自由快樂地玩耍。而且理性主義者的父母其實很能欣賞這種小孩所具有的藝能或娛樂運動細胞（是他們本身所沒有的），並且會加以鼓勵發展。

⇨ 理性主義者的父母 ＋ 理想主義者的小孩：

父母一開始可能會因爲這種小孩過於敏感、情緒化，對於邏輯解釋這一套無動於衷而不知如何是好。即使是用一般「承擔自己行爲所導致的後果」的因果效應的管教方式也可能不管用。而責罵體罰不會是這種父母的選擇，所以他們會發現最好的辦法是站到一邊，靜靜地觀察孩子的情緒反應，讓他們自行發洩完畢之後再來開導他們。對理性主義者的父母來說，理想主義者的小孩所具有的熱情及豐富的想像力會讓他們眼界大開，同時也會覺得是很棒的的體驗。

⇨ 理性主義者的父母 ＋ 理性主義者的小孩：

一般來說小小孩是不知道如何理性思考的，而理性主義者的小孩的特點是當你跟他們說道理的時候，他們能夠聽進去。這對於同是理性主義者的父母來說非常容易應付。而且他們非常欣賞孩子跟他們一樣獨立自主，以及對知識、技能的追求。但他們可能會忽略孩子發展人際關係及建立社交環境上的需要。

找到職場最佳位置

Find Your Best Position at Work

這一天，在北非某個國家的美國大使館裡，當所有使館人員正在開會的時候，發生了這樣一個插曲：

一個高級官員走進會議室，很冷靜地對大家說：

「我剛接到最新情報，我們的使館成爲恐怖攻擊的目標，警戒指數升高到第一級，我們必須馬上採取疏散措施。」

接下來讓我們來看看不同性格族群的人是如何反應的：

理想主義者（NF）：趕緊拿出手機打電話給他們的家人報平安，並安慰他們一切都會沒事，不用擔心。

理性主義者（NT）：開始討論恐怖份子攻擊大使館最可能用什麼樣的方法；此時該如何通知、聯絡外界；每個人該負起什麼樣的角色及責任。一直到他們已被疏散到對街的咖啡館時，他們仍然在繼續討論國際防恐怖組織行動的有效性。

社群主義者（SJ）：開始翻閱尋找相關文件，確認他們有遵行緊急疏散的指導流程以及如何處理恐怖攻擊的規章。

現實主義者（SP）：已經跑到走廊上開始指揮交通，回答問題，叫大家趕快疏散離開。

在職場上，每種不同性格的人都有不同的強項及貢獻。有時你會看著某些人，心想爲什麼他們會擁有那些自己所欠缺的能力，心生羨慕。的確，有些能力是可以靠後天訓練培養出來的，但眞正可以讓我們成功，與眾不同的，絕對是上帝所賜與我們的天分，是我們性格裡最自然的一部分。善用我們的天賦其效能絕對遠勝過花精力在我們原本不擅長的地方。

很多人在職場上不快樂地在工作著，其中有一個很常見的原因，是人們不了解自己的優勢及專長在哪裡。年輕的時候通常我們充滿幹勁，可以爲自己設立目標（不管方向對不對）而奮勇前進。但很多人到了工作十幾年之後，發現自己越來越不快樂，突然開始懷疑自己的方向是否設定錯誤，所做的到底是不是適合自己的工作。有些人因爲看見別人的成功，以爲自己只要變成像他們那樣，或者走一樣的路徑，就可以跟他們一樣。所以他們很努力想往某個不適合自己的方向走去，強迫自己去學某種人或做某種事。

比如說，一個明明需要穩定環境，腳踏實地做事的社群主義者，卻硬想要變成像現實主義者那樣靈活即興，或學他們變色龍的本事，這是不智的，就算花了很長的時間大概也只能勉強學到皮毛而已。他們與其把時間和精力花在自己的短處，不如將之用在發揮自己的長處上，使之更加凸顯，必會事半功倍。

在做職場諮商時，除了加強對方一些在工作上必要但目前所仍然缺的能力之外，通常我最強調的是：「找到優勢，放對位置」。那些能在工作上擁有教人羨慕的成功的人，絕對有一個必要條件，就是**他們有機會發揮他們天生的專長**。在強項之處，他們只要做5分就已經比別人突出，若是努力做到8分，甚至10分，要想不成功是很難的（除非運氣其差無比）。然後「熱情」會伴隨著成就感，讓整個工作表現正面發酵。

天分＋熱情 ＝ 成功＋快樂

這就是我希望讓每個我所幫助的人所達到的目標。

不論你的年紀，不論你在目前所從事的行業裡是資淺還是資深，我鼓勵你都應該花點時間檢視一下：你現在在做的事到底是不是最適合你的？有沒有利用到你的專長？尤其當你對工作感到疲乏；深感壓力；沒有興致；不快樂的時候，那就表示你更應該要停下來，找出原因，爲自己好好做個分析及長遠的規劃。

對已經在職場上工作多年的人來說，也許你早已在某一個行業上累積了一定的經驗、成就，及報酬。所謂找對位置，不見得是要做一個劇烈的行業轉變，也有可能是在類似環境裡找到一個讓自己更加適任，發揮特長的職務。

比如說，一個記者型的人已經長期在公務機關任職，也許已經很資深且穩定，但常常覺得乏味。如果沒有打算做在職業上做巨大的變動，至少他可以在相同的體系或工作環境裡尋求讓他可以爲他所在的團體發聲，組織社團，推動公益，這就可以讓他的工作變得活潑有動力。若是一個表演家型的人所從事的職業完全無法運用到他們與人交談或帶來樂趣的特長，而是待在一個很呆板，規律、穩定的環境裡，他肯定是不會快樂的。一個藝術家型的人，如果不能讓他們從事跟藝能相關的事，即使他們可以暫時勉強做其他的工作，但長期以往他們的心是得不到滿足的。一個教育家型的人，無論從事什麼工作，他就必須要有機會能夠積極地去幫助別人，教化別人。他可以不用改行去作老師，但在職場上找到一個可以讓他去「教」別人，「引導」別人這樣的角色或任務，他才會覺得有成就感，工作有意義。

社群主義者（SJ）

社群主義者很適合行政管理、服務貿易這種職務。他們腳踏實地，做事牢靠，服從制度，注重群體利益。凡是在一個有系統、有制度的團體裡，他們都能生存得很好。他們在工作上的貢獻在於對細節、步驟、條理的推動和執行。

他們對於次序及時間表非常講究，不容忽視。和這樣的上司討論事情時，一定要盡快進入重點，導入結論或結果，他們要聽的是事實，而不是理論或假設。因爲本身是很有責任感且勤奮工作的，他們對別人（尤其是部屬）的期待也是這樣，只有這樣的人才能贏得他們的認可及稱讚。

現實主義者（SP）

現實主義者具有小聰明，最擅長的是做迅速即時的反應及動作。他們是很好的故障排除者（trouble-shooter），很能應付緊急狀況，隨時做調整，彈性很大。在工作場合中，現實主義者的表現是最容易被人發現、認可的，因爲他們善於實做，勇於表現。他們很即興，技巧性的東西學得很快，很會現學現賣，讓自己看起來像專家一樣厲害。

因爲樂觀，他們比較不會給自己壓力。「兵來將擋，水來土淹」是他們的工作哲學。

理想主義者（NF）

「人」是理想主義者最中心且終極的關懷，在工作上亦如此。跟社群主義者相反，他們在政治界幾乎不嶄露頭角，除非是充滿理想特質，爲某個遠大的理想或使命而奮鬥，比如說印度國父甘地。因著這種「以人爲本」的特質，他們很自然地會大量出現在宗教或公益團體裡。

只有當他們可以與人做有意義的接觸並幫助別人成長或過得更好時，他們才會有成就感，這才是他們眞正想做的事。他們喜歡身處於一個平等、有同理心的環境裡。在工作場所，他們常會自願花很多的時間傾聽別人、鼓勵別人，充滿眞誠。他們有天分可以在身處的團體裡製造出一種迷人的氛圍，讓每個人自然且自由地表達自我，受到激勵。如果身為領導者，他們極具個人魅力（charisma），很能號召及鼓動他人，這是其他三個族群望塵莫及的。

當遇到有兩種極端意見或衝突的時候，他們常會被雙方人馬各自當作自己的支持者，因為他們似乎都能瞭解、體諒雙方的觀點而給予具同理心的回應。

理性主義者（NT）

理性主義者在工作上最擅長的就是「系統」及「進步」。他們能夠輕易分解複雜的事物使之成為清楚可明辨的目標，所以他們很適合科學研究、工程、建築，或任何需要做系統性分析及建構的工作。

因為他們的長處是用「想」的（使用抽象及理論的方式）來運作，不像現實主義者或社群主義者那樣會在實際的工作上「做」出來，所以若不是仔細觀察欣賞，不是那麼引人注目，尤其是內向型。

他們鼓勵創新，尋求真正聰明的頭腦及人才。他們用「理」去說服別人，絕不是用強迫或動之以情的方式。

鑽石團隊
Diamond Team™

故知兵之將，民之司命，國家安危之主也。

——《孫子兵法，作戰篇》

知人善任是一個好的領導者必備的條件之一。它關係到整個事務運作的專業度、流暢度、及成功性。水能載舟，亦能覆舟。用人恰當，事半功倍；用人不當，全軍覆沒。在許多公司、事業、及政府組織裡，我們都一再看到這樣明顯的例子。所以，在任何事業的一開始，花心思建立並經營一個彌堅不摧的鑽石團隊，預先打造好一個全備且不怕任何挑戰的城牆，是眞正有智之人的舉動。

這一章就是要教你一個創新的用人觀點，學會如何建立屬於你自己的鑽石團隊。

讓我們先來複習一下幾種配對關係。以工作來說，「伙伴」之間合作愉快，想法一致，但因爲太過相似而缺乏不同的角度來考慮事情。「同事」會是好的共事者，但能涵蓋的範圍仍是太窄，有所不足。相似的性格組合在一起做事，優點是彼此較容易互相瞭解，減少溝通的問題，但是對於要完成複雜或重大的事業來說，卻絕對不是一件好事，極可能會造成盲點或疏漏。

若要期許團隊合作能完備有效地達到目標，我個人提出一套獨特且創新的模式，結合以下這三種關係的人所組成的團隊，稱作「鑽石團隊™」（Diamond Team™）。

互補 ＋ 戰友 ＋ 新奇

以一個ESFP的人為例，他的鑽石團隊™組合如下：

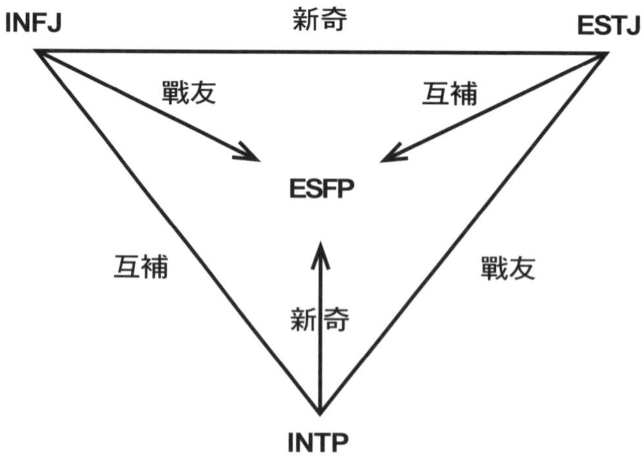

若你仔細觀察這個圖，你會發現這四個人雖然兩兩之間總共有6條關係線，但其實總共只有3種關係，每個人都是另外某個人的「互補」，「戰友，或者「新奇」。這張圖雖然是把ESFP放在中間，但其實這四個人彼此之間的關係是固定的，他們是一個完整的團隊。你可以把三角形上的任一個人拿來放在中間，其他人位置調整一下，仍然是這四個人的組合，關係不變。

而且這三種關係所組成的四個人恰好分別隸屬於不同的族群，同時涵蓋了四種族群的優勢與長處。

以上圖為例的工作團隊，理性主義的INTP可以為工作目標做整體性的觀察、分析，提供方向、架構及遠見；社群主義的ESTJ負責行政、計畫、督導、執行；理想主義的INFJ調度管理人事，確保團隊的和諧以及維持工作倫理；而現實主義的ESFP則帶來動力及挑戰，隨時應變，處理麻煩情況，與客戶周旋。

重組三國團隊（Reform the Famous Teams in Chinese History）

以下我舉出三國故事裡面大家熟悉的幾個人物，來分析一下他們的性格典型，還有他們之間互相搭配的團隊關係。

■ 劉備（ISFP）

劉備在三國演義裡受到很高的推崇，是個正面人物的代表。在三國那樣的亂世裡，英雄輩出，但劉備最突出的卻從來不是他的軍事或政治謀略，而是他的「人氣」，是因爲他得民心而且愛才。劉備眞正的強項是他看重人和，有耐性，還有，他很能放下身段，善於示弱，不逞強，善於掌握機會。

劉備本身雖然不是個策略性的軍事高手，但他很有及時性的戰術（tactics），是那種適合打游擊戰的人。每次有危險的時候他都溜得很快，從來沒有被擄過。劉備最讓人印象深刻的是他是個性情中人。一般對他的描述是「仁愛有禮，重情義」，而且他也不避諱展現自己眞情的眼淚，有人說他的江山很多是用哭來的。

劉備的話不多，但他對自己有一定程度的自信及主觀。他的口才不是很好，但他能忍，喜怒不形於色，很能隨機應變，也因此有些人覺得他其實頗爲狡猾。除此之外，他看重外表（輕看貌醜的龐統），或者應該說他對美的事物特別愛好，是個喜歡享受美食、美衣，及雅樂的人。

劉備雖然稱霸三雄之一，其實他本身並不是一個那麼野心勃勃的人。一方面他姓劉，和皇室沾上一點邊，在亂世裡很多人拱他以延續漢朝；另一方面他一直碰到不錯的機運及忠心輔佐的人才。在那樣一個尊崇正統的封建時代，以上這些條件就足夠把一個本來並不是領袖型的人推上政治寶座。不可否認的，對於政治前途，劉備的確有他自己的想法，但他很清楚單靠自己是不夠的。他夠謙和且識時務，是個機會主義者，所以才能在三國裡有一席之地。

善於游擊性的靈巧戰術，隨機應變，再加上樂於享受生活，這幾點非常清楚點出劉備是個現實主義者（SP）。而他感性、重情義的那一面則表現出他是個情感型（F）的人。最後，他內向溫文，對人有禮，喜怒不形於色，處事低調，所以劉備是個ISFP（藝術家型）。

■ 孔明（ISTJ）

在三國演義裡，諸葛亮這個角色被極度地神話了，說他料事如神，可以借東風，還會奇門遁甲等等。而三國志的描述則較爲平實。以下幾點關於孔明的特質是有據可靠的：

謹慎、細心、冷靜；博學，重思考；忠心耿耿；賞罰分明；遵從權制，照顧百姓。

孔明眞正的強項是理國治事，用兵穩當且謹慎，而將略奇謀則嫌不足。他用人傾向於用「聽話」之人，不喜歡功高蓋主那種人，這個保守的心態造成他在用人之事上有過幾次的失誤。他在內政、管理上的長處，還有忠心，穩當、負責，濟世愛民的品格，尊重輩份及權制，都是標準社群主義者（SJ）的特質。另外，他愛思考、謹慎、細心、認眞，事必躬親，直到鞠躬盡瘁，死而後已，顯出他是個內向思考型的ISTJ（會計型）。

■ 曹操（ENTJ）

三國人物裡真正具有將帥之才的一代梟雄就是曹操了。一般對曹操的評論都說他性格非常複雜。從負面角度來看，他老謀深算，陰險、殘忍、多疑；從正面來看，「胸懷大志，腹有良謀，有包藏宇宙之機，吞吐天地之志」。其他對曹操的描述包括：

精明，大度，有膽識，有胸襟。手不釋卷，明略最優。長於詩文、草書、圍棋。生活節儉，不好華服。與人議論，談笑風生。「勳勞宜賞，不吝千金；無功望施，分毫不與」。

因此有人推崇曹操是中國歷史上第一流的政治家、軍事家、文學家。

曹操看重智識，觀察及分析能力強，善於戰略（strategy）及決策（老謀深算），綜觀大局，賞罰分明，用人唯才不重德。這些都是理性主義者（NT）的特質。附帶一提，理性主義者多半對衣著也不太講究。

另外，他自信、精明、乾脆、善用資源，軍事調度及謀略皆令人佩服，是統合型（NTJ）的理性主義者。加上他「與人議論，談笑風生」，是個外向型的ENTJ（將領型）。所以這樣看來，曹操的確是個天生的軍事家及領導者。

■ 孫權（ENFJ）

孫權並不算是一個出色的領導者，但他最大的特色是唯賢明德，知人善用，納諫。他關心下屬，循循善誘，曾多次鼓勵呂蒙多讀書以增進他的才幹謀略，也的確達到了目標。孫權的性格還包括果斷、親切，開朗，容人。

■ 周瑜（INFJ）

才華洋溢，風度翩翩。博採眾議，胸懷大志。果斷，熟讀兵法，善部署。與下屬關係很好，受人敬重。精熟音律。

周瑜是個性情中人，也是個完美主義者。他對自己期望很高，因而造成一般人認爲他嫉妒孔明的印象。此外，周瑜還是個防間（諜）、用間（諜）的高手。例如放降書誘使曹操的間諜蔣幹中計；用黃蓋上演苦肉計。他善於心理戰術，完全就是INFJ輕易讀懂人心的天分的表現。他同時也具備了INFJ特有的才華、氣質、及追求高標準的種種特質。

■ 龐統（INTJ）

有智識謀略的怪才。剛正，直諫。不拘小節，不恭維。自負、倔強、沉著。有洞察力、組織力。敢冒險，善於應對變化，以變致勝。但曾因急於立功而流於浮躁。

■ 張飛（ESTP）

衝動，魯莽，脾氣暴躁。有勇有謀。尊敬將領，對下寡恩。寫得一首好字，是個書法家。（記得SP的手都很巧！高超且準確的體育技能更是STP與生俱來的天分。）

■ 關羽（ENFP）

忠勇。擇善固執。恩怨分明。善待士卒。英雄主義，驕衿。立意雖好，理性謀略稍嫌不足。情緒起伏較大，奔放不羈，難以控制。這些全都是 ENFP 的特色。

■ 趙雲（ISTP）

智勇雙全，一身是膽。機智，心細，穩重。忠直取諫。（又是一個天生善武，手到擒來的STP！）

■ 魯肅（INFP）

溫良、謙恭、寬厚、忠誠。深思熟慮。交友眞誠，敬才。好施捨，有同情心。標準的人道主義者。

■ 陸遜（ISFJ）

斯文、低調。保守、隱忍。嚴格、剛直、忠心。律己甚嚴，忍辱負重。不居功自傲。

■ 郭嘉（ENTP）

有俊才，有謀略。大膽、張揚、出奇、樂於冒險。觀察分析敏銳且深刻。不拘小節，不遵禮法，放蕩不羈。

對照之前的關係配對表格，讀者可以看見劉備和孔明之間的關係是「互補」。也就是說他們在一起共事可以提供對方所沒有的見識，互相指教。這實在很恰當地說明了孔明為什麼能成為劉備這麼得力且重要的臣宰，為他奪得一片天地，奠定一方權勢。

讓我們再來看看孫權和周瑜的關係。他們倆的關係是「伙伴」，基本上他們是屬於同一類型的人（NFJ），是同一族群之下的同一種角色，只是一個是外向，一個是內向。所以他們合作愉快，關係良好。孫權非常欣賞和自己氣質雷同的周瑜（也因此當龐統前來求職，因爲出言對周瑜不敬，立即令孫權不高興）。然而因爲同質性太高，即使他們本身很優秀，兩人在一起時重複太多，一加一小於二。所以他們倆造成的效果，就沒有劉備與孔明的組合那麼強大。

孔明和周瑜到底誰比較厲害？按照他們的性格典型來看，是各有利弊。孔明勝過周瑜的是他的精密（S）思考（T），而周瑜強過孔明的是他關照全局（N）的聰明，及對人的直覺（F）。在赤壁大戰之中，周瑜不但看到眼前的厲害，也注意到周遭的環境，像下棋一樣，推演到十幾步以後。然而周瑜是個情感型的人，是個理想主義者，比較起來，他有太多「人」的感覺在裡面，無法像諸葛亮那麼客觀、冷靜。

在曹操眾多的謀士中，他最欣賞、看重的，要屬郭嘉了。雖然很多人批評郭嘉生活不羈，但曹操不聞不問，信任如舊。他非常聽信郭嘉獨排眾議的奇策，總是和他並肩行軍，同席議事。以致當郭嘉早死之後，曹操敗於赤壁之戰時，哭說若是郭嘉還在，他便不至於此。基本上曹操和郭嘉的性格有很多相似的地方：不拘小節，不墨守成規；膽識夠大，機警，深謀遠慮。因爲他們同屬於理性主義族群之下的外向（ENT），他們的思維及判斷模式是一致的，智謀相近，性情相近。從關係配對的圖表上，我們看到他們之間的關係是「親戚」，表示其認知思考的模式具有相同的基因。他倆的差異在於決策過程上的互補（一個是J，一個是P）。在很多次戰事的決策過程中，郭嘉對人事環境的敏銳及推敲能力彌補了曹操急於判斷的性格所可能造成的的缺失。

劉備和孫權之間，是「戰友」的關係，這點很有啓發性。劉備在被曹操逼得走投無路的時候，派諸葛亮前去向孫權、周瑜推銷「蜀吳聯盟」之計。之後他們果然聯手出擊，以少勝多，在赤壁之戰中打敗了曹操，取得勝利。但也就僅此一次，很可惜他倆並沒有眞正成爲長期穩定的盟友。

那麼，在三足鼎立之中，如果是劉備和曹操來聯盟合作呢？聽起來好像不太可能，對吧？的確，依照圖表，他們之間的關係是「對立」—— 他們兩個人的四個指標都是完全相反的。事實是，他們倆在早期的時候的確曾經合作過（消滅呂布），但後來出現極大的意識型態的差異而分道揚鑣，曹操完全失去對劉備的信任，從此從朋友變成敵人。

至於孫權和曹操之間的關係則是「同事」。在三國的故事中，他們倆人似乎從未面對面見過彼此，但曹操曾說：「生子當如孫仲謀」，似乎相當肯定孫權的守成能力（父兄留下的基業）。如果他們倆合作，應該是相安無事，不無小補。

接下來，讓我們做個有趣的實驗：應用之前我所提出的鑽石團隊™的理論，把這些核心的三國人物做個重組，找出最適合他們的團隊組合。

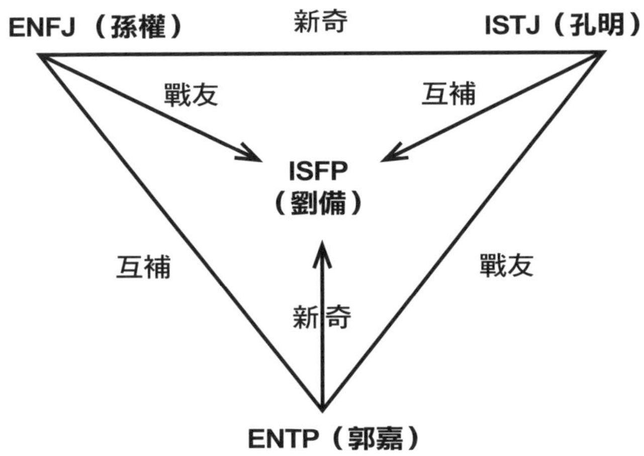

把劉備放在中心，然後把他所需要的三種關係的人物填進去，就得到以上的圖表。

在這個組合裡，劉備繼續以他廣得人心的仁政及名正言順的地位作君主，加上靈巧應變的游擊戰術；孔明專於治國及整頓；郭嘉在軍事謀略上出奇致勝；孫權延攬人才，安定軍心。這將會是個令人耳目一新的組合。換句話說，如果當年劉備和孫權能夠真正合作，加上孔明，然後再把郭嘉從曹操處勸招過來，他們所組成的鑽石團隊™ 可能會所向無敵，甚至擊敗曹操，眞正地改寫三國歷史！

那麼，若是以曹操爲中心所組成的團隊會是如何呢？

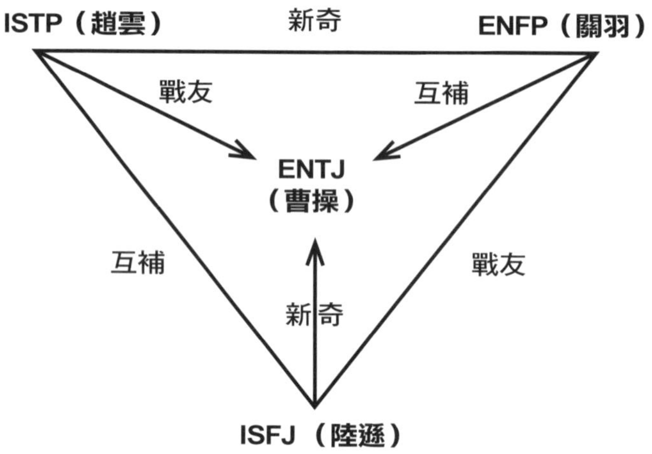

這個結果也挺有趣的。我們知道曹操一向欣賞關羽，原來他倆之間的關係是「指教」。如果曹操有幸從蜀國納進關羽及趙雲，再從吳國招來陸遜，這個團隊也必將會有一番令人意想不到的新氣象。

當然，無論是劉備還是曹操，他們要想成功絕對不會是只靠四個人的團隊就夠了。尤其是在英雄百出、戰況激烈的三國時代，所需的人才一定要集大成。但是核心人物及主事者，一定要能涵蓋這四種基本特質。以上我只是以幾個主要的三國人物來做核心團隊的舉例說明，讓大家瞭解，要有一個完美的團隊組合，這每一種人的特長都是缺一不可的！

MBTI®專業測試及報告

雖然你可以在網路上找到一些免費的、簡化的性格測試，然而眞正使用在心理學上，以諮商爲目的的測試，其題目的設計及計分方式是非常嚴謹且精細的。正式的MBTI®測試已經經過幾十年的統計分析及準確度的反覆驗證，受測者得到是一份個人化的報告，有其一定的規範並且需要透過合格的諮商師來執行及解讀。

Katherine Cook Briggs及Isabel Briggs Myers母女在1942年開發了第一份MBTI®的測試問卷量表，稱做量表A（Form A）。往後幾十年陸續又由不同的人開發出不同的量表，如Form D，Form E，Form G，Form M等等。每一個新的問卷量表通常會加入一些新的元素來考慮更多的差異性或加強應答的正確性，例如相對詞語、年紀、性別差異等。這些測驗所做出來的報告會顯示四個不同的指標取向，每一種不同的取向由一個字英文母來代表，例如 INFJ、ESTP。

這種只有四個字母的基本結果統稱爲第一階段（MBTI® Step I）。最新的Step I 測驗量表是 Form M。它包含了93個問題，每個問題的作答方式都是二選一。

1989年，出版並使用MBTI®正式授權工具的公司CPP推出一套新的方法，稱爲第二階段（MBTI® Step II）。它把原來每個字母所代表的指標取向再細分出五個子向度（facets or sub–scales），其測驗量表總共有131個問題，報告結果包含了20個向度。舉例來說，在某人ISTJ典型的專業報告中，其中內向（Introverted）的指標取向又可以深入分析其下五種不同子向度（Receiving，Contained，Intimate，Reflective，Quiet）的深淺程度。以此類推，原來的四個指標取向總共擴展成20個向度。加上通過複雜的計算分析程序EIR（Expanded Interpretive Report），考慮到不同的人對問題會產生不同的解釋及作答的標準，問題之間會前後參考，反覆應證，大大提升了測驗結果的精準度及深度。2001年更新的Step II測驗量表出現，測驗題目增加到144題，測驗結果報告還包含了美國地區的統計比例。

這些專業的測試及分析都是需要付費，經由合格的專業人士來執行的。

有些人在作答時會感到猶豫，不知道該用哪一種心境及背景（工作、家庭、一般社交）來應答。本書中〈我有雙重性格嗎？〉曾經提到，隨著年紀及經驗，我們針對不同處境會發展出不同的應對方式，這是很正常的。但MBTI®的測試目的是找出你天生的特質以及最習慣的偏好，也就是說當你處在一種很輕鬆自然的狀態，不被現實生活中的任何壓力或因素所影響或考慮時，你最自然的反應是什麼？

MBTI®的測驗結果代表的是受測者對自己的認識程

度，其中的描述沒有好壞之分。而且每個人都是獨特的個體，不可能完全一樣。當測試者本身對自己有不切實際的期待或認知（如受到家庭、教育、文化的制約），他的答案很可能是他所認爲應該的（他以爲自己是這樣的人），卻不見得是事實，那麼他的測試結果就可能有誤差。

如果你覺得做出來的結果描述和自己的認知不符合，不妨想想看做測驗時的心情、答題的方式是不是有受到什麼特別情況的影響。或者和專業的諮商師對談，透過他們的協助認識眞正的自己。

我們不建議任何人用MBTI®的測試結果來把人貼標籤，或拿來作爲自己行爲的藉口。這只是一個輔助的工具，幫助你更加瞭解自己與別人的思想行爲模式有何不同，藉以成長，改進彼此的溝通及合作。

四大族群性格特質比較表

	社群主義者（SJ）	現實主義者（SP）	理想主義者（NF）	理性主義者（NT）
智能長處	後勤（行政或監護）	實戰技術（操作或娛樂）	外交（引導或代言）	策略（統合或建構）
語言使用	聯合的；命令的；傳統的；約定俗成的；	簡潔的；陳述的；不按牌理出牌的；	歸納的；比喻的；感性的；闡釋的；	推論的；假設的；範疇明確的；技術性的；
自我形象	可靠、負責任的；合作的；慈善的；體面、高尚的；	靈巧的；適應力很好、能通融的；大膽創新的；	具同理心，很能瞭解別人內心感覺的；仁愛的；真實、正統的；	聰明的；自治自主的；毅然明確的；
興趣	貿易、群體、產品	工藝、技能、裝備	人道、道德、個人成長	科學、技術、系統
時間傾向	過去	現在	長遠的未來	可預見的未來內的一段時間
空間傾向	大門	這裡	小徑	交叉路口

		社群主義者（SJ）	現實主義者（SP）	理想主義者（NF）	理性主義者（NT）
價值觀	表現	關心的	興奮的	熱衷的	冷靜的
	信任	權威	衝動	直覺	理由
	渴望	歸屬感	變化	美好的關係	成就
	尋求	保障	刺激	認同	知識
	讚賞	感激	大方	肯定、表揚	差異性
	目標	執行管理者	名家	聖賢之士	專家、高手
角色	配偶	幫助者	玩伴	精神伴侶	智識伴侶
	父母	強調社交能力	強調解放主義	強調和諧人際關係	強調個人主義
	職場	穩定現狀	交涉、創新	催化劑	遠見及進步

Reference material

參考資料

1. Please Understand Me II, Temperament Character Intelligence
   Published by Prometheus Nemesis Books, California, USA
   Authored by David Keirsey
2. Type Talk -- The 16 Personality Types That Determines How We Live, Love, and Work
   Published by Dell Publishing, New York, USA
   Authored by Otto Kroeger and Janet M. Thuesen
3. A Functional Analysis: Relationships 2.5 & Elements of Type and Shadow by TypeLogic.com

國家圖書館出版品預行編目資料

新版30分鐘破解性格密碼／王凱琳著. --初版.--
臺中市：白象文化，2015.1
面； 公分.——（知識²；8）
ISBN 978-986-358-109-3（平裝）
1.性格 2.人格類型
173.761 103023636

知識²（8）

新版30分鐘破解性格密碼

作　　者 王凱琳
校　　對 王凱琳、徐錦淳
專案主編 徐錦淳
出版編印 吳適意、林榮威、林孟侃、陳逸儒、黃麗穎
設計創意 張禮南、何佳諠
經銷推廣 李莉吟、莊博亞、劉育姍、李如玉
經紀企劃 張輝潭、洪怡欣、徐錦淳、黃姿虹
營運管理 林金郎、曾千熏
發 行 人 張輝潭
出版發行 白象文化事業有限公司
412台中市大里區科技路1號8樓之2（台中軟體園區）
出版專線：（04）2496-5995　傳真：（04）2496-9901
401台中市東區和平街228巷44號（經銷部）
購書專線：（04）2220-8589　傳真：（04）2220-8505
印　　刷 基盛印刷工場
初版一刷 2012年8月
二版一刷 2015年1月
二版二刷 2019年9月
定　　價 220元